François Cochet

HISTOIRE ÉCONOMIQUE DE LA FRANCE
DEPUIS 1945

DUNOD

Dans la même collection

Série Éco/gestion
La monnaie, S. Brana, M. Cazals
Histoire économique de la France depuis 1945, F. Cochet
Les modèles appliqués de la macroéconomie, A. Epaulard
L'euro, P. Kauffmann
La communication externe de l'entreprise, M.-H. Westphalen

Conseiller éditorial pour cet ouvrage : Frédéric Poulon

DANGER
LE PHOTOCOPILLAGE TUE LE LIVRE

ISBN 2 10 003427 8

Sommaire

Avant-propos 9

Partie 1

Vers une croissance sans fin ?

Chapitre 1

La France qui sort de la guerre

I. Séquelles de l'occupation et destructions : l'état de l'appareil productif en 1945 13
1. L'entretien des troupes d'occupation 13
2. La dépendance du commerce extérieur 13
3. Réquisitions et captations de matières premières 14
4. Le pillage de la main-d'œuvre 14
5. Bombardements anglo-américains sur les zones industrialisées françaises 14
6. L'état des transports 15
7. Le manque de charbon 16

II. L'état de la demande 18
1. Frustrations de consommations basiques 18
2. Disponibilités monétaires 19
3. Pénuries et tickets de rationnement 19
4. Les premières mesures du GPRF 20
5. Des réflexes psychologiques 20

III. L'état des finances publiques et l'inflation 20
1. Le débat Pleven/Mendès-France 21
2. Les conséquences de la solution Pleven 23

IV. L'état de la main-d'œuvre 24
1. Les pertes humaines 24
2. Les pénuries de la main-d'œuvre 25

Chapitre 2

Réflexions et propositions économiques issues de la guerre

I. Le « bagage mental » des décideurs économiques et politiques de la Libération 27

1. La hantise du retour de la crise des années 30 28
2. Le débat sur le rôle de l'État 29

II. Les programmes de reconstruction économique 30

1. Le programme du CNR 30
2. Le projet du Comité général d'études (CGE) 32

III. Le poids des technocrates et les filiations avec Vichy 33

Chapitre 3

Le début des « Vingt Glorieuses » (1945-1955)

I. Un nouveau rôle de l'État : le capitalisme à la française 36

1. Les nationalisations 36
2. La réorganisation du crédit 39
3. La planification 40

II. Les impératifs de la reconstruction 42

1. Réussites 43
2. Des ombres au tableau 45

III. Prix et salaires 45

1. Évolution des prix 45
2. Courbe des salaires 46
3. Évolutions monétaires 46

IV. Les modes de financement de la période : plan Marshall et rôle du Trésor public 47

1. Le plan Marshall et ses conséquences 48
2. Le rôle du Trésor public 51

V. Une agriculture traditionnelle qui commence une révolution 52
1. L'exode rural 53
2. La substitution capital/travail et les gains de productivité 53
3. La part croissante de la commercialisation 54

Chapitre 4

La croissance forte (1955-1969)

I. Des réussites spectaculaires 56
1. La hausse de la demande 56
2. La consommation d'énergie 58
3. Les secteurs industriels rois de la croissance forte 59
4. Une nouvelle géographie industrielle 60

II. La généralisation des consommations 61
1. L'évolution des revenus 61
2. Les consommations individuelles 62
3. Les consommations collectives 64

III. Les enjeux de l'internationalisation 67
1. Les raisons de la relative fermeture française avant 1963 67
2. L'ouverture de 1962-1963 68

IV. Les « plans de refroidissement » et la politique monétaire 69
1. Le plan Pinay 70
2. Le plan Gaillard 71
3. Le plan Pinay-Rueff 71
4. Les plans Giscard d'Estaing 72

V. Quelques bémols 73
1. Des entreprises nationales encore frileuses 73
2. La tension inflationniste 73

PARTIE 2

CRISES ET PERSPECTIVES

Chapitre 5

Remises en cause et premières réactions (1969-1983)

I. Les problèmes de financement internationaux : le dollar dans le cyclone 78
- 1. Le dollar attaqué 79
- 2. La fin du système de Bretton Woods 79

II. Les chocs pétroliers et leurs répercussions sur les entreprises 80
- 1. Les conséquences du choix du « tout pétrole » de l'époque 80
- 2. Les deux chocs pétroliers et leurs répercussions 81

III. Des secteurs condamnés : la sidérurgie et le textile 82
- 1. La crise précoce de la sidérurgie 82
- 2. La crise du textile/habillement 83

IV. La crise de profitabilité des entreprises 84
- 1. Les raisons 85
- 2. Les évolutions 85

V. Les politiques économiques 86
- 1. Le plan Fourcade 87
- 2. Le plan Barre et ses évolutions 88

VI. L'installation de la stagflation 90
- 1. L'inflation : un mal français ? 90
- 2. La stagnation 92

VII. « Changer la vie » 94
- 1. Des recettes classiques 94
- 2. Les résultats 94

Chapitre 6

Une crise ou des crises ?
(1983-1997)

I. La conversion des socialistes aux réflexes monétaristes 97
1. De nouveaux instruments de politique économique 97
2. Le poids de la contrainte extérieure 98

II. Les résultats 99
1. Au niveau de l'économie interne 99
2. Au niveau des performances françaises à l'exportation 101

III. Embellies et fluctuations depuis 1986 102
1. Les privatisations 102
2. Le retour de la gauche (1988-1993) 103
3. L'orientation « libérale » (1993-1997) 104

IV. Les résultats des politiques économiques 105
1. Les fluctuations de court terme 105
2. La « stagdéflation » 106

V. Le chômage : conséquence du succès économique et spécificités françaises 107
1. La mesure du phénomène 107
2. Des causes profondes 109

Chapitre 7

Bilans et perspectives
pour l'économie française

I. Les grandes composantes de l'économie française en 1997 111
1. La désindustrialisation 111
2. La tertiarisation 113
3. Les agricultures françaises 115

II. La mondialisation : chance ou catastrophe ? 116
1. Les effets positifs : la stratégie industrielle 117
2. Les effets pervers : la stratégie financière 118

III. La France du dynamisme 119
1. Un dynamisme industriel certain 120
2. La géographie industrielle actuelle : le changement dans la continuité 121

Conclusion 124

Bibliographie 125

Index 127

Avant-propos

Depuis 1945, la France a connu une formidable évolution économique que les contemporains n'ont pas toujours bien mesurée.

Au sortir de la Seconde Guerre mondiale, les destructions que le pays a connues sont considérables. L'outil productif est atteint ou vieillissant, il a été mis à mal par l'occupation allemande qui a traité la France en économie dépendante et satellisée. L'infrastructure des transports se trouve dans un état de déliquescence avancé du fait des bombardements alliés, de l'absence de renouvellement des matériels et des destructions volontaires opérées par la Résistance. Et pourtant, malgré cette situation très inquiétante, quelques années plus tard, la France entrera dans l'ère de la modernisation et de la consommation de masse.

Il convient de mettre en évidence les logiques de cette évolution et d'en déterminer les conséquences pour la vie économique nationale. Le poids et la place de l'État, notamment, occupent une position originale en France depuis 1945. Cela ne va pas sans poser quelques problèmes de financement de l'économie, par exemple.

Durant une vingtaine d'années, les Français vont savourer les joies d'une croissance forte et jamais atteinte jusqu'alors. La seule véritable « révolution industrielle » que la France ait pu connaître se situe bien dans les deux décennies 1950-1970.

Mais, dès la fin des années 1960, une crise multiforme émerge. Crise de productivité, crise de compétitivité, mais aussi crise de répartition sociale du travail et de la consommation.

C'est ce cheminement qui fait passer l'économie française d'une fantastique croissance à une grave mutation de société que nous voudrions éclairer dans les chapitres de cet ouvrage.

Une approche chronologique s'est imposée à nous. Les comportements économiques ne peuvent être saisis et compris que s'ils sont replacés dans une ligne continue du temps. C'est encore bien plus vrai pour les politiques économiques qui, la plupart du temps, réagissent les unes par rapport aux autres et s'expliquent d'autant mieux qu'elles sont replacées dans le contexte qui les a précédées et qui les fait exister. En outre, cette démarche chonologique permet de conserver une vision globale de la période, de la fin de la Seconde Guerre mondiale à nos jours.

PARTIE 1

VERS UNE CROISSANCE SANS FIN ?

Chapitre 1

La France qui sort de la guerre

Si la France émarge incontestablement au rang des puissances qui gagnent la Seconde Guerre mondiale, même avec une stature de nain politique par rapport aux autres Alliés, son appareil productif est celui d'un État vaincu. Plusieurs raisons expliquent cette situation.

I. SÉQUELLES DE L'OCCUPATION ET DESTRUCTIONS : L'ÉTAT DE L'APPAREIL PRODUCTIF EN 1945

L'importance des prélèvements économiques de tous ordres que l'occupation allemande a fait subir au pays constitue le premier pan d'explication à la situation catastrophique de la France en 1945.

1. L'entretien des troupes d'occupation

Le poids de cet aspect financier ne saurait être minoré. Il s'est élevé à 20 millions de marks par jour pendant l'occupation. Or, les Allemands ont imposé une sous-évaluation manifeste du franc par rapport au mark, de l'ordre de 50 à 60 %, ce qui a encore accru l'inégalité de la mesure d'indemnisation journalière.

2. La dépendance du commerce extérieur

Durant l'occupation, tout le commerce extérieur français a dû passer par l'intermédiaire des Allemands, par le biais d'accords de *clearing* imposés par l'occupant. La France comme les autres pays d'Europe nazifiés a ainsi été réduite au rang d'un satellite économique.

3. Réquisitions et captations de matières premières

Sous des formes diverses, on peut estimer que plus des deux-tiers de la production de minerai de fer, de la production sidérurgique ou de la production automobile ont été détournés par la machine de guerre allemande.

4. Le pillage de la main-d'œuvre

Lui aussi a été très fort. D'une part, le Reich nazi a mis au travail, sur son territoire, la plus grande partie des 1,8 million prisonniers de guerre français détenus en Allemagne après la défaite de juin 1940. D'autre part, les nazis ont su obtenir du régime de Vichy des propositions de main-d'œuvre. La *relève* en fut une première étape, en 1942. Elle consistait à échanger trois travailleurs volontaires français contre un prisonnier de guerre qui retrouvait ainsi ses foyers. Devant l'insuccès de cette mesure (moins de 40 000 travailleurs se présentèrent), la politique de mise au service des nazis de la main-d'œuvre française s'est précisée. En février 1943 est instauré le *service du travail obligatoire* (STO) qui oblige théoriquement au départ en Allemagne certaines classes d'âges. Les jeunes Français nés entre le 1er janvier 1920 et le 31 décembre 1922 sont mobilisés pour accomplir une période de deux ans sur le sol du Reich. S'il est vrai que, par ricochet, cette loi alimente la clandestinité, il n'en demeure pas moins qu'en 1945, plus de 750 000 travailleurs français sont présents sur le territoire du Reich nazi. En comptabilisant ces travailleurs et les prisonniers présents outre-Rhin, il est possible d'estimer qu'au début de l'année 1944, plus de 3,5 millions de Français travaillent pour l'occupant. Seules sont dispensées du STO les entreprises dites *Speer-Betrieb* (du nom du ministre nazi de l'armement), qui travaillent à 80 % pour l'Allemagne.

5. Bombardements anglo-américains sur les zones industrialisées françaises

Ils n'ont pas seulement été coûteux en vies humaines, mais ont aussi mis à mal un outil industriel déjà fortement frappé par la crise de l'avant-guerre et par le conflit lui-même. Contrairement à la Première Guerre mondiale dont les destructions matérielles n'avaient touché que le Nord et le Nord-Est de la France (13 départements), la Seconde Guerre n'épargne pratiquement aucune région de l'Hexagone (74 départements touchés). En 1950, lorsque les pouvoirs publics liquident les dernières demandes d'indemnisation pour faits de guerre, il devient possible de dresser le bilan des destructions de biens immobiliers : 460 000 immeubles ont été détruits, 1 900 000 endommagés. Si Boulogne-Billancourt ou d'autres villes industrielles ont eu à souffrir des bombardements alliés, la Normandie est incontestablement la région qui a le plus souffert dans sa chair et dans ses biens. Au cœur des combats, du 6 juin à la percée d'Avranches du mois d'août 1944, ayant à subir des bombardements massifs que la stratégie n'imposait pas toujours, la région dénombre ses morts et ses ruines : 52 000 morts pour 438 000 habitants dans la Manche ; Caen rasé à 73 %, Saint Lô à 77 %, Le Havre, où les Allemands se sont accrochés, à 82 %. Sur l'ensemble du territoire national, près du quart du capital immobilier a été détruit.

6. L'état des transports

Si la capacité productrice de la France est considérablement réduite par faits de guerre, l'infrastructure des transports a, elle aussi, été très atteinte. Durant l'occupation, l'ensemble des moyens de transport, et notamment la jeune SNCF, nationalisée en 1937, a été détourné au service prioritaire de l'occupant. Les voies ferrées ainsi que le parc de matériel ont payé un très lourd tribut durant les combats pour la libération du territoire. Les résistants cheminots de *Résistance-Fer* ont dû parfois accepter de saboter leur propre matériel, auquel ils étaient pourtant très attachés, pour désorganiser l'arrivée des renforts allemands sur les lieux de combat. Les chasseurs-bombardiers *Typhoon* ou *Thunderbolt* des Anglo-Américains ont fait le reste.

Jean-Pierre Rioux a dressé un tableau tout à fait sombre de la situation des transports ferroviaires dans la France de 1945. Il faut alors quinze heures pour aller de Paris à Strasbourg. Sur 40 000 kilomètres de voies ferrées, 18 000 seulement sont susceptibles d'être exploités, et encore, par tronçons obligeant à des ruptures de charges. Sur 300 gares importantes, 115 ont été détruites. Sur les 40 grandes gares de triage du territoire, 24 sont hors service. 1 900 ponts ou autres ouvrages d'art sont détruits. En termes de parc roulant, les choses sont plus catastrophiques encore : 1 locomotive sur 6 est apte au service, de même que 1 wagon de marchandises sur 3 et 1 voiture de voyageurs sur 2. La France est étouffée par la raréfaction des moyens de transport et découvre la pénurie dans ce domaine.

7. Le manque de charbon

Le charbon était utilisé non seulement comme moyen de chauffage, mais surtout comme principale source d'énergie de l'époque. Déjà avant la guerre, la France était le premier importateur mondial de charbon. Les prélèvements allemands durant le conflit ont fait tomber les approvisionnements à environ 60 % seulement de ce qu'ils étaient avant-guerre. Le rendement des mineurs français par tête a diminué de 1 220 kg en 1938 à 674 kg à l'automne 1944.

À la lumière de ces exemples, on peut comprendre que le système productif français est exsangue à la fin de la guerre. Si l'on table sur un indice de la production industrielle à 100 en 1938, il est à 55 au milieu de l'année 1943 et à environ 44 en mai 1944. La production textile est réduite au quart environ.

Les baisses de productivité sont bien visibles également. Le manque de main-d'œuvre ainsi que le manque de matières premières y sont, bien évidemment, pour beaucoup. L'agriculture manque de bras durant l'occupation (environ un tiers des prisonniers de guerre sont des agriculteurs). La diminution des récoltes est impressionnante. Elle avoisine sans doute 20 % pour le blé, 40 % pour la pomme de terre, 25 % pour la betterave, 40 à 50 % pour la production de viande de porc, 30 % pour la production de lait. Dans l'ensemble, les récoltes de 1945 représentent 60 % de celles de 1938. En outre, le matériel agricole manque de soins et d'entretien, pas tant par négligence que par un cruel déficit de pièces détachées.

La production chimique, si nécessaire dans l'élaboration d'engrais qui avaient commencé à être utilisés au sortir de la

Première Guerre mondiale, est détournée à des fins guerrières par les Allemands, ainsi que les carburants.

D'autres arguments peuvent être assurément invoqués. Les baisses apparentes de productivité dans de nombreux secteurs peuvent aussi être imputées à des causes plus psychologiques. Dans le registre industriel, il est certain qu'un grand nombre d'ouvriers ne développait pas une grande ardeur au travail, sachant pertinemment qu'une large part du résultat de leur travail partirait pour le Reich nazi ou serait mise à son service.

Dans le domaine de l'agriculture, la baisse de productivité peut relever, en partie au moins, d'une dissimulation liée à l'alimentation de l'économie parallèle du marché noir. Car il y a eu *deux* économies françaises durant la guerre : celle que reflète les prix officiels théoriquement fixés par Vichy et ses comités d'organisation, et celle des prix réels qui se sont littéralement envolés. À la Libération, il y donc *deux* types de prix qui n'ont pas de rapports entre eux. À l'intérieur du système du marché noir, les prix connaissent une remarquable dispersion par rapport aux prix officiels. Il est simpliste et faux de penser, par exemple, que le niveau de prix du marché noir est uniformément de quatre ou de cinq fois supérieur au niveau des prix officiels. En fait selon les produits, la palette varie d'environ trois fois les prix officiels (viande de bœuf) à plus de trente fois (charbon).

L'industrie lourde, notamment la sidérurgie lorraine, a été peu touchée par les bombardements comme par les combats. Elle redémarre pourtant au ralenti. 58 000 tonnes de fonte seulement sont produites en décembre 1944, alors que chaque mois de l'année 1938 en voyait produire 500 000 tonnes.

Toutes les industries souffrent d'un autre handicap. Elles sont touchées par le vieillissement de leur outillage. Du fait d'un manque d'investissement – mal chronique français depuis l'entre-deux-guerres – ou du fait du pillage économique des Allemands, l'âge moyen des machines-outils est de l'ordre de 25 ans en 1945. Pour illustrer clairement la grave régression de l'économie française durant la Seconde Guerre mondiale, il n'est finalement besoin que de rappeler un chiffre. Le revenu national de 1944 représente seulement 41 % de celui de 1938.

En ce qui concerne l'appareil productif français, le bilan à la Libération est donc très sombre. Les déséquilibres dus à la guerre et à l'occupation ont considérablement aggravé des réflexes de manque d'investissement et de frilosité des entrepreneurs français de la décennie qui a précédé la guerre. Des goulets d'étranglement existent, notamment dans l'infrastructure des transports, qui viennent fragiliser encore l'édifice productif. Encore convient-il de s'interroger sur les possibilités de consommation de la part des ménages.

II. L'ÉTAT DE LA DEMANDE

Si le gouvernement de Vichy a fait faillite dans sa volonté de contrôler et d'encadrer les prix à la consommation, il a réussi à empêcher les salaires de connaître un dérapage inflationniste. La pression sur les salaires a été ferme. Il est donc facile de comprendre la situation de la demande à la Libération et dans les mois suivants.

1. Frustrations de consommations basiques

Elles se sont accumulées pendant quatre années. La perte de pouvoir d'achat des populations ouvrières françaises durant la Seconde Guerre peut être estimée à environ 40 %. Les prix ont été multipliés par quatre alors que les salaires, dans le même temps, n'étaient multipliés que par 2,7. Les privilégiés du marché noir ne peuvent faire oublier ces déficits de la consommation des denrées essentielles : nourriture, vêtements, chauffage, de la plus grande partie de la population. Le gouvernement est incapable de fournir des vêtements civils au million de prisonniers qui retrouvent leur foyer au cours de l'été de 1945 et doit se contenter de leur fournir des *bons de textile* absolument inutiles puisque les produits vestimentaires ne se trouvent guère qu'au marché noir, ou auprès de l'intendance américaine, grâce au « système D ». La majeure partie de la population ne peut pas consommer parce qu'elle n'en a pas les moyens monétaires, à une époque où le crédit à la consommation n'a pas encore été inventé par les banques.

2. Disponibilités monétaires

Dans le même temps apparaissent des disponibilités monétaires importantes accumulées par l'économie parallèle du marché noir. Ceux qui disposent de ces énormes réserves ne peuvent pas consommer non plus car les marchandises qu'ils convoitent – nous ne sommes plus là dans un registre de consommation basique mais dans celui d'une consommation élargie – n'existent pas en quantité suffisante sur le marché. Ajoutons un autre argument. À la Libération, l'argent accumulé dans des activités de marché noir a tendance à se faire discret par crainte de représailles. D'où un gonflement tout à fait conséquent des dépôts dans les caisses d'épargne. L'autre indicateur visible de ces disponibilités monétaires un peu honteuses se distingue dans les transactions de biens peu liquides et disponibles, comme les fonds de commerce et les biens immobiliers. Leur hausse est tout à fait notable.

3. Pénuries et tickets de rationnement

L'opinion publique se leurre lourdement sur le point essentiel des possibilités de consommation. Elle pense qu'une fois les Allemands partis, il ne subsistera plus aucun obstacle au ravitaillement. L'ennemi représente la cause unique des pénuries. Or, les choses sont infiniment plus complexes. Les pénuries sont, comme nous l'avons vu, le résultat d'une conjonction de facteurs liés certes au court terme de la guerre, mais dont un certain nombre de racines – notamment au niveau des déficits d'investissements – sont identifiables dans l'entre-deux-guerres. Si, symboliquement, les tickets de pain sont supprimés dès le 1er novembre 1945 – soit, tout de même un an et demi après la libération de la majeure partie du territoire national –, le 1er janvier 1946, une carte de rationnement est à nouveau rétablie. Les adultes ont droit à 300 grammes de pain par jour. En mai 1945, les Français doivent se contenter d'environ 1 500 calories par jour contre 2 400 en 1938. Ce n'est finalement qu'en 1949 qu'allaient être supprimés les derniers tickets de rationnement.

4. Les premières mesures du GPRF

Si la demande existait déjà fortement sur certains segments de consommation avant la Libération, les premières mesures prises par le Gouvernement provisoire de la République française (GPRF) ont été de nature à la stimuler davantage encore. À deux reprises, en août et septembre 1944, dans une France tout juste libérée pour l'essentiel, les Commissaires de la République reçoivent la mission d'augmenter les salaires. Les hausses sont variables d'une région à l'autre. Cependant, il est possible de tabler sur des augmentations qui varient de 30 % à 50 % pour certaines régions. Il est facile de comprendre que se renforce ainsi une disparité importante entre la disponibilité réelle de produits marchands et les disponibilités financières en forte augmentation, qui ne concerne plus seulement la minorité des populations enrichies par le marché noir.

5. Des réflexes psychologiques

Face à une demande en forte hausse et au phénomène de dispersion extraordinaire des prix que nous avons décrit précédemment, dans les mois qui suivent la Libération, le réflexe de nombreux producteurs de biens marchands consiste à aligner leurs prix de vente sur les prix les plus élevés, malgré des prix théoriquement bloqués.

Ainsi toutes les conditions sont réunies pour déclencher un phénomène inflationniste d'importance majeure.

III. L'ÉTAT DES FINANCES PUBLIQUES ET L'INFLATION

Le financement de la guerre par le régime de Vichy s'est fait largement à crédit. Selon François Caron, en 1943, les impôts ont couvert 32 % des charges, les emprunts 40 % et les avances de la Banque de France, 28 %. D'où, inéluctablement, une importance croissante de la dette publique. Cette dernière est passée de 410 milliards de francs en août 1939 à 1 200 milliards au printemps 1944. Dans le même temps, la masse monétaire a été multipliée par quatre.

La France affaiblie ne peut plus vendre grand chose à l'extérieur. Les exportations sont donc loin de contrebalancer les importations massives, faites au profit essentiel des États-Unis. Lorsque la comptabilité nationale rétablit des statistiques fiables, dans le courant de l'année 1945, l'ampleur de la catastrophe du commerce français apparaît. Pour la première moitié de l'année 1945, la France a importé pour 34 milliards de francs de biens étrangers, alors que, dans le même temps, elle exportait pour 7 milliards de francs seulement de ses produits.

Les finances publiques sont à l'image du commerce national. Pour l'année 1944, le déficit budgétaire est de 300 milliards de francs. Pour 1945, il est encore de 207 milliards. Il faut donc continuer à emprunter. Le ministre des Finances du GPRF, André Lepercq, lance un grand emprunt le 9 novembre 1944, et les chiffres de l'endettement public continuent de grimper : 1 680 milliards à la fin de 1944, 1 874 milliards à la fin de 1945.

Liée au phénomènes d'une demande insatisfaite que nous avons décrite ainsi qu'au processus de financement des déficits publics par l'emprunt, la situation monétaire est très inquiétante. La masse monétaire circulant sous forme de monnaie fiduciaire est de l'ordre de 558 milliards de francs en mai 1944 et de 623 milliards en octobre 1944, avant les augmentations de salaires de la fin de l'été de cette même année. Cette masse monétaire est superfétatoire puisque la pénurie l'empêche de trouver à s'employer.

1. Le débat Pleven/Mendès-France

Deux solutions s'opposent alors dans la gestion de cette crise des finances publiques qui révèle, en même temps, une crise inflationniste grave. La première solution consiste pour les pouvoirs publics à introduire une réduction drastique de la masse monétaire afin de revenir à des prix « vrais ». C'est là une politique courageuse mais douloureuse, puisque la sanction de cette politique de déflation doit être inéluctablement que le plus grand nombre des Français devra accepter de repousser ses velléités de consommation à plus tard. En termes économiques, c'est sans doute la seule manière de procéder sainement, mais c'est « politiquement incorrect » après tant d'années de privations. La seconde solution consiste à laisser faire l'inflation, voire à l'utiliser, pour donner satisfaction au plus grand nombre, quitte à utiliser largement de la « monnaie de singe ».

Il se trouve qu'à la Libération le débat entre les deux politiques monétaires s'incarne dans deux hommes. Pierre Mendès-France, ministre de l'Économie nationale, est un fervent partisan de la première solution. René Pleven, ministre des Finances après la disparition accidentelle de Lepercq en novembre 1944, incarne la deuxième tendance. Il a le soutien, dans sa démarche, du chef du gouvernement provisoire, le général De Gaulle. Quels sont les éléments du débat ?

Pierre Mendès-France est partisan d'une politique monétaire extrêmement ferme qui doit avoir, à ses yeux, deux avantages : le premier est de revenir à des bases économiquement saines qui permettraient de mieux asseoir la reconstruction du pays ; le second est de priver les bénéficiaires du marché noir de leurs énormes profits en procédant à un changement des billets de banque de la période pétainiste, sans aucun échange. Sa politique s'articule autour de deux notions clés : blocage des prix et des salaires, blocage des moyens monétaires. Le prix à payer de cette sévère déflation serait que, pendant plusieurs mois encore, il faudrait demander aux Français de « se serrer la ceinture ».

René Pleven représente, dans ce débat, la position du général De Gaulle, qui estime n'avoir pas à s'engager sur ce problème. La position des deux hommes est radicalement opposée à celle de Pierre Mendès-France. La rigueur que préconise ce dernier n'est pas envisageable à leurs yeux. Non pas qu'ils soient des ardents partisans de l'inflation en tant que telle. Leur opposition à la politique de Pierre Mendès-France vient surtout de ce qu'elle constitue, pour Pleven et surtout pour De Gaulle, une *impossibilité politique*. Leur souci tient avant tout dans la reconstitution politique de l'entité nationale, mise à mal par le débat fratricide collaboration/résistance. Il ne faut pas désigner aux yeux de l'opinion publique les profiteurs du marché noir. Il faut, surtout, que les Français ressentent l'atmosphère de la Libération et le changement de régime. Trop d'austérité et d'encadrement économique seraient perçus comme la continuation du régime de Vichy. Il convient de souligner la différence en permettant aux Français de consommer. Pleven et De Gaulle acceptent l'inflation pour préserver le pays de « périlleuses convulsions ». La hantise de la guerre civile et du poids des communistes pèse toute entière dans cette attitude gaullienne.

2. Les conséquences de la solution Pleven

Le choix est vite fait. Pleven l'emporte face à Pierre Mendès-France, qui préfère démissionner plutôt que mener une politique qu'il n'approuve pas. Dès lors, l'inflation massive est le prix à payer à l'accès à certaines consommations. Elle se situe à environ 40 % pour la seule année 1945.

Les prix de gros progressent ainsi rapidement : pour une base 100 en 1938, ils se situent à 375 en 1945, 648 en 1946, 989 en 1947.

La spirale inflationniste ne peut s'arrêter et se trouve auto-entretenue par le phénomène bien connu : anticipation des hausses/rattrapages salariaux. Ainsi, les salaires sont encore augmentés de 30 à 35 % en janvier 1946. Les débuts de la reconstruction semblent devoir s'opérer sur les sables mouvants de l'instabilité monétaire.

L'inflation atteint de tels niveaux qu'elle gêne non seulement les consommateurs, mais également les producteurs et notamment les entreprises. Ces dernières connaissent alors les plus grandes difficultés à calculer leurs coûts de production ainsi que leurs prix de vente en présence de fortes variations de prix.

Si la situation de la monnaie interne n'est guère reluisante, les piètres résultats du commerce extérieur français font que les soldes négatifs doivent être finalement réglés en or. Aussi les réserves d'or fondent-elles rapidement pour régler ces déficits extérieurs. La Banque de France dispose de 1 550 tonnes de métal précieux en 1945 et de seulement 394 tonnes en 1947.

IV. L'ÉTAT DE LA MAIN-D'ŒUVRE

Pour comprendre l'état de la main-d'œuvre, il convient tout d'abord de rappeler l'ampleur des pertes humaines imputables à la Seconde Guerre mondiale.

1. Les pertes humaines

Militaires tués en 1939-1940	123 000
Prisonniers morts en Allemagne	45 000
Alsaciens-Lorrains tués dans la Wehrmacht	31 000
Pertes FFL/FFI	19 700
Armée de Libération	43 000
Fusillés	25 000
Résistants morts en déportation	27 000
Total des militaires et assimilés	**313 700**
Déportés raciaux	83 000
STO morts en Allemagne	40 000(?)
Victimes des bombardements	67 000
Victimes des opérations terrestres	58 000
Exécutés à la Libération	11 000(?)
Massacrés par les Allemands	6 000
Total des civils	**265 000**
Total militaires + civils	**578 700**

Source : Mouvements économiques en France, 1938-1948, Imprimerie nationale.

Si les pertes économiques sont infiniment plus lourdes qu'à la suite de la Première Guerre mondiale, les pertes humaines sont de l'ordre de moitié moins élevées qu'en 1914-1918 (1 350 000 morts) et n'engendrent pas les mêmes effets sur la structure de la population active.

À cela, il faudrait ajouter des éléments qualitatifs qui sont décelables par le biais de certains indicateurs. En 1945, la mortalité infantile remonte à 110 alors qu'elle était à 63 en 1939. Si les enfants souffrent plus des pénuries que les adultes, ces derniers sont quand même atteints. Mal nourris, ils sont victimes de certaines maladies qui avaient quasiment disparu. Par exemple, la tuberculose revient en force dans les années qui suivent la Libération. La qualité de la main-d'œuvre est ainsi mise en cause.

Les effets du *baby boom*, qui se font sentir à partir de 1952, ne se sont répercutés sur le marché de l'emploi que des années plus tard.

2. Les pénuries de la main-d'œuvre

Pourtant, aux lendemains de la Libération, ce n'est pas de la qualité de main-d'œuvre que l'on s'inquiète, mais bien plus de sa pénurie. Les deux millions de prisonniers et de requis du travail ne sont pas encore rentrés d'Allemagne. Même lorsque ces derniers rentrent entre mai et août 1945, le travail ne manque pas. Il y a tant à faire. D'autant plus que les structures de la population active n'ont guère changé par rapport aux années 1930. Il y a toujours 36,5 % d'agriculteurs (contre 37 % en 1936), 29,8 % d'ouvriers (29,5 % en 1936) et 33,7 % d'employés du tertiaire (33,5 % en 1936). L'agriculture manque de main-d'œuvre et il faut compenser l'absence d'engrais chimiques par davantage de travail humain. C'est dans l'agriculture que vont être utilisés la plus grande partie des 750 000 prisonniers de guerre allemands mis à la disposition de la France par les Alliés anglo-américains – et sur demande expresse du ministère du Travail.

Le bâtiment et les travaux publics sont à l'époque des activités fortement consommatrices de main-d'œuvre et elles recrutent beaucoup. D'autant plus que, durant la guerre ou à la fin de celle-ci, plus de 300 000 étrangers qui vivaient en France ont quitté le pays. Autant dire que celui qui veut travailler trouve un emploi. Mais ne confondons pas. En 1945, les réformes de structures que nous allons décrire dans le chapitre suivant n'ont pas encore eu le temps de s'appliquer, le loisir de se développer. Il s'agit ici d'une adaptation tout à fait spontanée du marché du travail. Plus exactement, il s'agit de « se débrouiller » comme l'ont fait de nombreux prisonniers qui rentraient de leur longue captivité depuis 1940 en acceptant des emplois qui n'avaient parfois que de lointains rapports avec leurs activités de 1939. Cette disponibilité de la main-d'œuvre française constitue alors un atout de taille.

L'autre atout français sur le plan de la main-d'œuvre au cours de l'été de la victoire et des mois qui suivirent, tient dans l'attitude du Parti communiste français et de ses dirigeants.

Dès la fin de l'hiver 1944-1945, le PCF n'imagine plus de prendre le pouvoir par des moyens révolutionaires. Il lui faut alors jouer le jeu de l'unité nationale et de la restauration de l'État s'il veut demeurer, pour quelque temps encore, le premier parti de France. Cette reconstruction passe obligatoirement par le redémarrage économique. 1945 et 1946 sont donc, au nom de l'application de cette logique communiste, des années de calme social. Les conflits du travail sont rares – à la différence de ce qui allait se passer en 1947-1948. Le Parti et ses organisations-relais developpent au contraire le thème du productivisme. Maurice Thorez, le « fils du peuple », secrétaire général du PCF, de retour de Moscou où il avait trouvé refuge en 1939, engage les travailleurs à se lancer dans la course à la production. Dans le discours qu'il destine aux mineurs de Waziers, près de Douai, en juillet 1945, il s'écrie : « Produire, produire, c'est aujourd'hui la forme la plus élevée de votre devoir de classe... ».

La main-d'œuvre est donc prête, au sortir de la guerre, à se mettre au service d'un marché du travail demandeur quoiqu'encore inorganisé. Le calme social jusqu'en 1947 constitue également un atout de poids pour l'économie française convalescente.

La conclusion de ce chapitre est facile à tirer. L'économie française sort de la guerre profondément meurtrie. Dans un premier temps, il lui est impossible de satisfaire tous les segments du champs économique à la fois, d'où des situations de pénurie cruellement ressenties par les Français qui ont souvent confondu Libération et mieux-être. Des choix s'imposaient, qui n'ont pas toujours eu pour déterminant des considérations purement économiques. Le débat Pleven/Mendès-France, que tranche De Gaulle, en constitue le meilleur exemple. La reconstruction peut commencer, porteuse de fantastiques espoirs d'une population confiante, mais porteuse également des défauts et travers que l'on devait retrouver tout au long de la IVe République et qui sont le reflet de choix politiques effectués dès 1945. L'inflation et le maintien de fortes dépenses militaires pour régler – fort mal – les conflits coloniaux comptent parmi les composantes les plus visibles de ces choix précoces.

Chapitre 2

Réflexions et propositions économiques issues de la guerre

La période de la Libération représente une époque exceptionnelle pour deux raisons. Des projets théoriques de reconstruction économique de la France ont été élaborés dans la clandestinité. Ensuite, la situation du pays est tellement catastrophique que l'on peut presque parler d'une « France année zéro ». Du coup le souhaitable devient possible, l'idéal n'est plus forcément inaccessible. Car l'univers mental des décideurs économiques et politiques de 1945 se veut empreint de réalisme. La Libération de la France doit être une réalité effective dans tous les domaines. L'économie n'échappe pas à cette règle commune. Les dirigeants issus de la Résistance intérieure ou extérieure ont beaucoup réfléchi, durant la guerre, à un certain nombre de propositions économiques qu'ils comptent bien mettre en pratique dans une France rénovée. Un faisceau complet de réseaux d'influences et de convictions économiques, issues d'origines diverses, se noue pour donner naissance à une ambiance économique spécifique de la Libération et des quelques années suivantes.

I. LE « BAGAGE MENTAL » DES DÉCIDEURS ÉCONOMIQUES ET POLITIQUES DE LA LIBÉRATION

Les décideurs qui ont en charge les affaires économiques de la France en 1945 n'ont bien souvent qu'une formation économique des plus restreintes. Bien peu sont à l'image de Jean Monnet qui, avant d'être chef de la mission française à Washington à partir de 1943, a réellement connu une activité commerciale concurrentielle – en l'occurrence le négoce du cognac – et a participé, dans l'entre-deux-guerres, aux stabilisations monétaires polonaises et roumaines. Mais le plus grand nombre de ces décideurs ont des convictions qui tiennent lieu de connaissances.

Pourtant, une ligne de pensée s'impose alors fortement. Il faut absolument empêcher que ne ressurgissent les affres de la « grande dépression » des années 30.

1. La hantise du retour de la crise des années 30

C'est là un souci autant économique que politique, dans la mesure où la grande dépression est perçue alors comme un des événements qui ont déterminé le plus fortement l'accession des régimes dictatoriaux au pouvoir, lesquels ont amené la guerre mondiale.

Certes, les chefs d'entreprises ne sont pas légion dans les allées du pouvoir en 1945. Un parfum de suspicion règne alors à leur égard. Contraints et forcés par l'occupation, pour préserver les moyens de production, l'emploi et l'outil de travail, ou, plus rarement, par conviction, les patrons ont souvent joué le jeu de la collaboration économique avec l'Allemagne. On connaît le mot cinglant de De Gaulle la première fois qu'il recevait un groupe de représentants du patronat après la Libération : « Je n'ai vu aucun de vous, Messieurs, à Londres. Ma foi, après tout, vous n'êtes pas en prison. » En d'autres termes, les idées économiques en vogue proviennent plutôt d'un centre de gravité issu des gauches politique et syndicale que des milieux proches du patronat d'industrie et du commerce, disqualifiés par leur attitude au cours de la guerre et politiquement marginalisés jusqu'au début des années 1950.

Un personnage comme Jean Monnet incarne un premier type de ces décideurs économiques de la Libération. En tant que chef de la mission française de Washington, c'est lui qui négocie les accords de *prêt-bail* entre la France libre et les États-Unis, permettant à la première de s'approvisionner en matériel militaire auprès des seconds. Ce n'est pourtant qu'en juin 1945 que Jean Monnet rencontre De Gaulle à Washington et qu'il commence à entretenir ce dernier de la nécessité de moderniser économiquement la France. Le 13 décembre 1945, dans un mémorandum, Jean Monnet propose qu'un commissariat soit chargé d'établir un plan de modernisation et d'équipement économique. Le général De Gaulle accepte de créer, par le décret du 3 janvier 1946, le Commissariat général du plan d'équipement et de modernisation à la tête duquel on retrouve le même Jean Monnet. Ce dernier amène avec lui de fidèles collaborateurs, Robert Marjolin, universitaire qui fut son adjoint à Washington, Étienne Hirsch ou Pierre Uri, que l'on retrouvera ultérieurement au cœur de décisions importantes.

2. Le débat sur le rôle de l'État

Le général De Gaulle, lui-même, estime que : « La Nation saura vouloir que les richesses naturelles, le travail et la technique, qui sont les trois éléments de la prospérité de tous, ne soient point exploités au profit de quelques-uns, que toutes les ressources économiques soient mises en œuvre, non pas d'après le bon plaisir des individus mais pour l'avantage général. Que les Bastilles s'apprêtent à s'ouvrir. »

Les socialistes, André Philip en tête, parlent surtout de socialisation pour empêcher le retour de la grande crise économique. Mi-août 1944, le programme d'action socialiste demande déjà des nationalisations dans les secteurs miniers et de l'énergie, dans celui des transports et de la métallurgie. Les nationalisations doivent s'étendre également aux domaines des assurances, des banques et même au contrôle du commerce extérieur. La distribution d'eau, de gaz et d'électricité, l'urbanisme doivent faire l'objet d'un contrôle similaire dans le cadre des municipalités. Le socialiste Jules Moch préconise que le ministère de l'Économie reçoive deux missions bien différentes. L'une, de court terme, consistant à gérer la politique économique, l'autre à contrôler la stratégie du plan « élaboré pour quatre ou cinq ans ». Le ministère ainsi conçu aurait alors un poids considérable dans l'économie et donnerait à l'État les moyens de dépasser le stade des seules nationalisations.

Si l'accord est largement réalisé sur un plus petit commun dénominateur, les stratégies pour y parvenir divergent ensuite assez profondément selon les composantes des pouvoirs issus de la résistance. Une chose est aujourd'hui certaine. L'ambiance plus ou moins « dirigiste » qui règne alors n'est pas la porte ouverte à la collectivisation et à une économie de type soviétique. Le Parti communiste espère parvenir au pouvoir par les urnes et n'a plus, en 1945, de stratégie révolutionnaire comme il avait pu en caresser l'idée au cours de l'été 1944.

Les grandes lignes d'accord des différentes composantes politico-économiques de l'époque sont les suivantes : pour éviter le retour d'une longue crise comparable à celle de la décennie 1929-1939, il faut que l'État contrôle davantage de décisions économiques. C'est lui qui doit notamment assumer la reconstruction, c'est lui également qui doit définir les grandes orientations engageant l'avenir économique du pays.

II. LES PROGRAMMES DE RECONSTRUCTION ÉCONOMIQUE

Le résultat de cette ambiance est tout à fait net. Bien qu'ils ne souhaitent pas une économie étatisée, les mouvements de résistance sont favorables à un certain « planisme » qui s'accompagnerait d'un certain nombre de nationalisations plus ou moins étendues.

1. Le programme du CNR

Le document qui sert de base de réflexion est incontestablement le « Programme » du Conseil national de la résistance (CNR), du 15 mars 1944. Ancré assez fortement à gauche, le CNR désigne une cible bien identifiée : les *trusts* jugés responsables de la crise des années 1930 et accusés de collaborationnisme durant l'occupation. Les « mesures à appliquer dès la Libération du territoire » comprennent, par exemple, « la confiscation des biens des traîtres et des trafiquants de marché noir, l'établissement d'un impôt progressif sur les bénéfices de guerre et plus généralement sur les gains réalisés au détriment du peuple et de la nation pendant la période d'occupation... ».

Pour lutter contre eux, il convient de rendre à la collectivité nationale la propriété de certains moyens de production. Ainsi le programme prévoit-il « l'instauration d'une véritable démocratie économique et sociale, impliquant l'éviction des grandes féodalités économiques et financières de la direction de l'économie ; une organisation rationnelle de l'économie assurant la subordination des intérêts particuliers à l'intérêt général et affranchie de la dictature professionnelle instaurée à l'image des États fascistes ; l'intensification de la production nationale selon les lignes d'un plan arrêté par l'État après consultation des représentants de tous les éléments de cette production ; le retour à la Nation des grands moyens de production monopolisés fruit du travail commun, des sources d'énergie, des richesses du sous-sol, des compagnies d'assurances et des grandes banques ; le développement et le soutien des coopératives de production, d'achats et de ventes, agricoles et artisanales ; le droit d'accès, dans le cadre de l'entreprise, aux fonctions de direction et d'administration, pour les ouvriers possédant les qualifications nécessaires, et la participation des travailleurs à la direction de l'économie ». Pratiquement tous les secteurs économiques sont ainsi dans le collimateur d'une profonde réorganisation de la prise de décisions économiques et des financements tels que le CNR les voit à la veille de la Libération. Le secteur bancaire réorganisé par l'administration de Vichy n'échappe pas à une reprise en main. Les nationalisations sont ainsi à l'ordre du jour et annoncées haut et fort.

Le programme du CNR va loin en traçant la voie du planisme et de la participation des travailleurs aux prises de décision au sein de leurs entreprises.

Le droit syndical est réaffirmé et l'édifice économique doit être complété par la définition d'une vaste œuvre de « sécurité sociale » qui doit tout à la fois socialiser un certain nombre de dépenses et assurer en même temps des revenus de redistribution permettant aux ménages populaires de consommer plus qu'avant. L'accès au travail est réaffirmé comme un droit – c'est là une tradition de la gauche française depuis 1848 –, mais avec lui on parle de droit à la retraite, à la culture et à l'instruction. On évoque surtout la « garantie du pouvoir d'achat national par une politique tendant à la stabilité de la monnaie ».

Le but théorique du programme tient donc dans l'instauration d'une démocratie économique et sociale.

Le long terme constitue ainsi la référence du programme du CNR, car on sait bien que l'instauration d'une telle démocratie ne peut se faire du jour au lendemain. Un des problèmes qui se posent alors est de savoir comment faire passer dans le court terme les ambitions de long terme de ce programme. D'autant plus que des contraintes intellectuelles et matérielles s'accumulent.

Il ne faut pas oublier, notamment, que ce programme a été élaboré *avant* la libération effective du territoire. En d'autres termes, il constitue un idéal théorique dont les hommes qui ont les réalités concrètes à gérer au quotidien en 1945 doivent parfois s'affranchir. Il ne faut pas perdre de vue, surtout, que ces prises de position représentent les options de la résistance intérieure et que les dirigeants de Londres puis d'Alger ne partagent pas forcément les mêmes conceptions.

D'ailleurs, même au sein de la résistance intérieure, le programme du CNR a eu un concurrent qui représentait davantage les idéaux économiques du centre-droit.

2. Le projet du Comité général d'études (CGE)

François de Menthon, un des grands résistants de la zone sud et éminent juriste, a animé le projet. Dès la fin de l'année 1941, François de Menthon et ses amis lyonnais commencent à réfléchir à ce que pourrait être la France rénovée de la Libération. L'équipe qui travaille autour de François de Menthon « s'institutionnalise » ensuite, avec l'accord de Jean Moulin, sous le nom de Comité général des experts, puis Comité général d'études. Si le CNR réagit sur le long terme dans son programme, le CGE adopte, pour sa part, une démarche à trois temps : préparer les mesures immédiates à prendre d'urgence à la Libération, préparer l'épuration administrative et, à plus long terme, préparer les réformes économiques. Robert Lacoste, Alexandre Parodi (ministre du Travail à la Libération), Pierre-Henri Teitgen, Michel Debré, appartiennent notamment à ce groupe du CGE.

Le rapport sur l'économie a été rédigé par René Courtin. Il est publié à Alger en juillet 1944. Empreint de néolibéralisme, il tente le grand écart entre désirs de changement et réalisme. Il fustige les classes dirigeantes de l'économie qui ont pactisé avec l'ennemi. Il convient donc de les punir par une série de nationalisations, à la condition qu'elles soient progressives. Pour autant, selon René Courtin, il n'est pas concevable que les entreprises nationalisées soient artificiellement exemptées de la loi du marché. Leurs règles de gestion doivent être celles des entreprises concurrentielles.

La planification n'est pas rejetée en tant que telle par le CGE, encore faut-il qu'elle soit maniée avec prudence. Ce n'est qu'en fonction de l'essor de la production que les réformes sociales pourront devenir effectives.

Il est facile de comprendre que cette vision néolibérale qui se veut réaliste et insiste sur les lois du marché n'est pas du goût de tout le monde. D'où le fait qu'en mars 1944, le programme du CGE s'efface officiellement devant la charte du CNR, plus révélatrice des préoccupations économiques de la gauche française. Cependant sur le moyen et le long terme, les options du CGE retrouvent une certaine modernité.

III. LE POIDS DES TECHNOCRATES ET LES FILIATIONS AVEC VICHY

Bien que l'atmosphère de la Libération soit, dans tous les domaines publics, marquée par une rupture qui se veut radicale avec le régime antérieur, des passerelles existent cependant dans le registre économique avec Vichy. Sous ce régime, entre 1940 et 1944, l'économie française a déjà connu une notable évolution vers le dirigisme. Par le fait d'une épuration administrative assez peu virulente dans le secteur de l'économie, certaines conceptions technocratiques de Vichy ont pu perdurer, de manière plus ou moins visible, dans les années qui ont suivi la Libération.

L'administration de Vichy s'était heurtée à des problèmes bien particuliers au temps de guerre, notamment celui de la répartition des matières premières. Dès le 10 septembre 1940 avait été créé l'Office central des produits industriels qui contrôle le rationnement. Cet organisme voit son action complétée par les comités d'organisation. Ces derniers incarnent souvent un syndicalisme patronal souterrain. Il convient en effet de rappeler que le régime de Vichy a supprimé tous les syndicats qu'ils soient ouvriers ou patronaux, mais qu'il tolère la reconstitution, sous des formes camouflées, du syndicalisme patronal alors qu'il interdit toujours le syndicalisme ouvrier. Bon nombre de ces comités d'organisation devaient d'ailleurs tomber sous la coupe des autorités allemandes.

Davantage encore que des administrations issues d'une économie de pénurie, les décideurs économiques de la Libération ont pu s'inspirer peu ou prou de projets que les technocrates de Vichy avaient élaborés pour un plus long terme.

La Délégation générale à l'équipement national avait réfléchi à des projets d'économie planifiée. Un « plan d'équipement national » avait été élaboré en 1942. Peu de temps avant l'effondrement du régime de Vichy, la « tranche de démarrage », en 1944, entendait réformer l'économie française sur environ l'espace d'une décennie. Compétitivité sur les marchés extérieurs, élévation du niveau de vie, modernisation technologique, modernisation du secteur rural étaient les maîtres mots de la réflexion des planificateurs de Vichy. Il est évidemment possible de retrouver un certain nombre de préoccupations économiques comparables, voire identiques, dans les années 1945-1960 et même au-delà.

Pierre Mendès-France, lors de son court passage au ministère de l'Économie nationale en 1944-1945, s'inspire de certains projets de Vichy, notamment la « tranche de démarrage ». Durant cette période, les conseillers du ministère devaient s'attaquer à un plan à plus long terme. Pour cause de démission de Pierre Mendès-France (voir chapitre 1), ce sont les projets de Jean Monnet qui vont l'emporter. Il n'en demeure pas moins que le dirigisme hérité de Vichy représente incontestablement une des dimensions à prendre en considération si l'on veut cerner convenablement l'état d'esprit des dirigeants économiques de la Libération qui vont procéder aux réformes de structures que nous allons évoquer dans le chapitre suivant.

Si les programmes du CNR et du CGE constituent une manière de stratégie commune à tous les décideurs économiques issus de la résistance, le choix de l'économie dirigée n'est cependant pas assumé d'une façon extrêmement cohérente. Si les socialistes, les communistes et les démocrates-chrétiens sont ouvertement partisans du planisme, d'autres tels les radicaux ou les modérés du centre-droit, sont contraints de s'y rallier de peur d'être présentés comme des partisans de l'ordre ancien qui a jeté la France dans l'abîme entre 1939 et 1944.

En tout état de cause, ce n'est pas le modèle soviétique qui est à l'ordre du jour. Il est totalement exclu de nationaliser, ou pire encore d'étatiser, toutes les sources de richesse. Le général De Gaulle précise, dès octobre 1944 dans son discours de Lille, qu'il n'est pas question d'« exclure l'initiative et le juste profit ». Il n'est pas question de rapprocher le moins du monde l'ambiance de planisme qui règne en France en 1945 au grand mouvement de collectivisation forcée et forcenée que l'Union soviétique a connu entre 1928 et 1932. Ni les finalités ni les méthodes ne sont comparables.

En revanche, l'ambiance qui règne en France est assez semblable à celle que connaît l'Angleterre de la même époque. Un consensus s'est établi entre les travaillistes qui arrivent au pouvoir en juillet 1945 et certaines tendances du parti conservateur. Le rapport Beveridge de 1942 et surtout son ouvrage de 1944, *Du travail pour tous dans un monde libre*, en constituent des référents incontournables.

En 1945, plus encore que d'habitude, les décisions prises sont le résultat de compromis entre différentes forces politiques ayant chacune des présupposés économiques.

D'où une volonté d'avancer prudemment, avec une lenteur convenue, de la part de certains milieux dirigeants, tandis que d'autres veulent agir avec rapidité et détermination.

En outre, toutes les modalités techniques de l'intervention de l'État dans l'économie sont loin d'être précisées ou résolues en 1945 et devaient, par la suite, faire l'objet de mises au point successives et d'adaptations. Quels devaient être la place exacte et le poids décisionnel de l'État-actionnaire dans l'économie française ? Comment les services publics devaient-ils se comporter en intégrant à leur fonctionnement des activités précédemment concurrentielles ? Hésitations et contradictions seront forcément au rendez-vous de ces ambiguïtés de la Libération.

Chapitre 3

Le début des « Vingt Glorieuses » (1945-1955)

En fonction du poids des réflexions issues de la guerre mais aussi des conditions matérielles plus ou moins contraignantes de la période 1945-1955, l'économie française évolue selon plusieurs axes fortement marqués par une volonté de dirigisme. Commence à s'exprimer, en tout cas, une croissance forte que Jean Fourastié avait décrite en 1979 comme une période de trente années. À y regarder de près les Trente Glorieuses sont surtout constituées d'une vingtaine d'années au cours desquelles la croissance économique française connaît des rythmes positifs ignorés jusqu'alors qui marquent les mentalités encore aujourd'hui.

I. UN NOUVEAU RÔLE DE L'ÉTAT : LE CAPITALISME À LA FRANÇAISE

La notion de nécessaires « réformes de structure », si largement utilisée et banalisée de nos jours, est due à Pierre Mendès-France. Le concept est polysémique. Il faut construire une nouvelle économie. « Économie concertée » de la planification, nationalisations, édifice de redistribution et de sécurité sociale, représentent autant de clefs de voûte d'une économie dans laquelle l'État entend bien jouer un rôle majeur dans la définition d'un capitalisme national de type nouveau.

1. Les nationalisations

Elles sont dans le droit fil des programmes de rénovation vus au chapitre 2. Il s'agit souvent de lutter contre les vieilles tendances protectionnistes et frileuses des milieux d'affaires.

Pour ce faire, il convient de constituer un vaste secteur public qui contrôle les activités de production et de distribution d'énergie, les transports, mais également les circuits du financement de l'économie, notamment les banques et les compagnies d'assurance.

En fait, trois vagues de nationalisations se succèdent entre 1945 et 1948.

Les premières mesures sont celles de la fin de l'année 1944 et du début de l'année 1945. N'oublions pas qu'à cette date la guerre n'est pas achevée. Les houillères du Nord-Pas de Calais sont touchées par cette première vague à forte connotation « punitive ». Le 13 décembre 1944 sont constituées les Houillères nationales du Nord. L'établissement ainsi créé est placé sous la tutelle du ministère qui gère les activités extractives. En amont, l'entreprise nationalisée a vocation industrielle, en termes de production. Mais, elle doit également gérer l'aval, c'est-à-dire la commercialisation et la distribution du charbon. Le PDG des houillères est nommé par décret ministériel. Le comité consultatif comprend 24 membres, dont 8 représentants du personnel et 5 représentants des utilisateurs. Dans ce premier cas de figure, les anciens propriétaires privés vont être indemnisés.

Le 16 janvier 1945, ce sont les usines de Louis Renault qui tombent dans l'escarcelle nationale. Cette fois la nationalisation s'opère sans aucune indemnisation, en tout cas pour la part de capital revenant personnellement à Louis Renault. C'est en fait une sanction qui vient punir l'attitude de Renault durant la guerre, qui avait poursuivi la fabrication de véhicules pour approvisionner l'ennemi. La structure d'entreprise retenue est originale. Il s'agit d'une régie nationale fonctionnant sous la tutelle du ministère de la Production industrielle. Dès le départ, il est convenu que la Régie fonctionnera sur la doctrine de la participation ouvrière.

Les usines d'aviation Gnome et Rhône connaissent elles aussi une nationalisation-sanction (29 mai 1945) à l'égard d'une firme qui a continué de fabriquer des moteurs d'avions pour les Allemands. La Société nationale d'études et de construction de matériel aéronautique (SNECMA) est ainsi constituée, après indemnisation des anciens actionnaires.

Le 18 décembre 1944, ce sont les compagnies de navigation de la marine marchande qui sont nationalisées. Cette nationalisation prolonge, en fait, certains projets précis de Vichy de 1941. Dans le même registre des transports publics, le 26 juin 1945, les actions d'Air France, d'Air Bleu et d'Air France-Transatlantique sont tranférées à l'État. En 1948, la fusion des trois firmes donne naissance à Air France.

La seconde vague de nationalisations s'étend de décembre 1945 à mai 1946. Elle concerne la Banque de France et les quatre grandes banques de dépôt, ainsi que 34 compagnies d'assurance. Un temps mort a été constaté entre le printemps de 1945 et la fin de la même année. Il fallait attendre que les élections législatives d'octobre soient passées, preuve que les préoccupations électoralistes n'étaient pas tout à fait absentes des projets de nationalisation. Le 2 décembre 1945, le Crédit lyonnais, la Société générale, la Banque nationale pour le commerce et l'industrie, le Comptoir national d'escompte de Paris, sont nationalisés. Un débat existe en ce qui concerne les nationalisations du secteur bancaire. Aux radicaux ou membres du MRP qui sont partisans de nationaliser également les banques d'affaires, René Pleven rétorque que ces banques utilisent des capitaux à risque qui ne sauraient supporter un contrôle de l'État. Seules les banques qui sont susceptibles d'apporter une manière de « service public » doivent faire l'objet de nationalisations. C'est cette conception qui l'emporte face à des projets plus larges de nationalisations plus étendues.

La nationalisation de la Banque de France ne fait que suivre les réformes de 1936 qui marquaient l'influence grandissante de l'État sur la prise de décision de la Banque. En 1945, le débat sur la nationalisation – déjà envisagée en 1936 mais repoussée par Léon Blum par crainte d'un désaveu du Sénat demeuré à majorité de droite – s'impose sans aucun problème. En revanche, certains, parmi les socialistes comme André Philip, craignent que la Banque de France ainsi nationalisée ne demeure trop indépendante de l'État. C'est pour éviter une telle dérive que le conseil général de la Banque de France voit ses pouvoirs amputés.

La troisième vague de nationalisations est plus tardive et moins spectaculaire. Elle se situe entre février et juin 1948 et vient surtout officialiser la présence de l'État dans des entreprises comme la RATP.

Le bilan des nationalisations de l'immédiat après-guerre est donc impressionnant. En importance et en quantité, le mouvement similaire de 1981 apparaît comme une pâle copie de celui de 1944-1948. Pourtant la question a été posée à l'époque. Fallait-il aller plus loin ou, au contraire, y a-t-il eu trop de nationalisations ? Certains avaient avancé qu'il aurait fallu nationaliser les industries pharmaceutiques, chimiques, sidérurgiques, les banques d'affaires, certaines entreprises clés pour la reconstruction, comme les ciments Lafarge ou des entreprises de commercialisation du lait. Le constructeur de véhicules industriels Berliet était aussi dans le collimateur de certains partisans des nationalisations, ainsi que les messageries Hachette. Finalement c'est un bilan très en retrait par rapport à certaines ambitions initiales qui s'impose entre 1944 et 1948 dans le registre des nationalisations. D'ailleurs, les Français eux-mêmes – à l'image des hommes politiques qui les gouvernent – ne sont pas unanimes face aux mesures de nationalisations. Alors qu'au début de l'année 1945, 70 % des Français sont favorables à ce mouvement, au début de 1946, 55 % y sont hostiles.

Le nombre des salariés concernés par les mesures de nationalisation s'élève à environ 600 000 personnes. Le secteur public et parapublic (SNCF) était alors de 1,5 million de salariés. En d'autres termes, directement ou indirectement, l'État renforce considérablement son contrôle de la masse salariale française. On comprend l'importance que vont revêtir certaines entreprises, comme Renault, investies de la fonction officieuse de « laboratoire » social.

2. La réorganisation du crédit

En complément des actions spectaculaires des nationalisations, l'État-patron étend son emprise par le biais d'une réorganisation du crédit. Le Conseil national du crédit créé par la loi du 2 décembre 1945 se voit doter d'une double vocation. D'une part orienter la politique de crédit, d'autre part veiller à l'organisation de la profession bancaire.

En outre, l'État contrôle indirectement, et plus discrètement, de grands organismes de crédit spécialisé. C'est le cas du Crédit agricole ou du Crédit hôtelier.

En d'autres termes, l'État se dote d'un arsenal complet pour encadrer un grand nombre d'activités économiques, tout aussi bien dans les domaines strictement productifs, que dans les domaines de la répartition sociale ou dans ceux du financement des activités de production. Le dirigisme étatique représente ainsi un édifice fort complet. D'autant plus qu'il est complété par les mesures de la planification indicative à la française.

3. La planification

C'est par un décret du 3 janvier 1946 qu'est créé le Commissariat général au plan (CGP), dont Monnet devient le premier titulaire jusqu'en 1950, date à laquelle il prend la présidence de la Communauté européenne du charbon et de l'acier (CECA). L'équipe qui travaille autour de Jean Monnet, dans laquelle on trouve, par exemple, Jean Fourastié, est fortement influencée par les expériences américaines et anglaises du temps de guerre. Jean Monnet, installé à Washington pendant le conflit, n'a pas pu être indifférent à l'organisation par Robert Nathan, par exemple, de la production de guerre des États-Unis.

Dans un premier temps, il était prévu que le Commissariat ait une existence éphémère limitée à six mois. C'est la meilleure preuve qu'il était conçu comme une administration exceptionnelle, destinée à résoudre provisoirement la crise de la répartition des produits importés – surtout des États-Unis. Mais la fonction crée l'organe. Le 16 janvier 1947, Jean Monnet obtient la transformation du Commissariat en administration définitive. C'est seulement à cette date que la planification prend réellement forme. La tâche du Commissariat est alors véritablement définie et consiste à coordonner des programmes quadriennaux de production, d'investissement, de reconstruction. Le domaine commercial ressort aussi de ses compétences puisque importations et exportations doivent faire également l'objet de programmes annuels. L'autre pan de la mission du Commissariat consiste à veiller à l'exécution du plan.

Ainsi, selon Jean Monnet, la planification doit répondre à plusieurs objectifs. Elle doit être l'huile permettant aux rouages de l'économie française de mieux fonctionner. Elle doit permettre à l'économie de s'adapter à l'environnement international. Elle doit aussi être un facteur de cohésion sociale en faisant adhérer tous les partenaires à la reconstruction de la France.

L'exécution du premier plan (1947-1952) est confiée à Jean Monnet. Des secteurs prioritaires sont définis, tous en rapport avec les impératifs de la reconstruction. Les activités de base sont l'objet de toutes les attentions des planificateurs. La production de charbon, d'acier, de ciment et d'électricité, constitue le premier axe prioritaire. La reconstruction des transports, la hausse de la production de carburants et d'engrais chimiques à destination de l'agriculture, sont le second point nodal de ce premier plan. L'essentiel est, aux yeux du planificateur, de dépasser de 25 %, à l'horizon de 1950, le niveau record de 1929.

Le second plan (1953-1957) n'est engagé dans les faits qu'à partir de 1954. C'est Émile Hirsch qui coordonne les actions de planification en tant que Commissaire. Le deuxième plan prévoit une augmentation considérable du revenu national (25 %) ainsi qu'une élévation du niveau de vie et l'amélioration de la productivité. Dix-sept secteurs sont signalés comme étant les domaines à améliorer. Parmi eux, celui des machines-outils ou du textile. Le changement d'orientation vers la consommation des ménages est mesurable entre le premier plan – essentiellement tourné vers les infrastructures – et le second plan, davantage orienté vers les industries de transformation.

Il est intéressant de constater combien le mouvement de planification est à la croisée des chemins de courants de pensée souvent en opposition et parfois contradictoires. Le « planisme » a fait son apparition au sein de la CGT française dès les années 1920. Dans les années 1930, sous l'influence d'une réflexion qui prend de l'ampleur, notamment en

Angleterre – la « Political and Economic Planning Society » date de 1931 alors que l'ouvrage de Barbara Wootton, *Plan or not Plan,* est publié en 1934 – le mouvement s'élargit à des ingénieurs, des hauts fonctionnaires et des économistes. Vichy œuvre également dans la voie de la planification. Il n'est d'ailleurs pas anodin de constater qu'une partie du personnel de l'Office central des produits industriels de Vichy (voir chapitre 2) est mis à la disposition de Jean Monnet. Selon certains, cette interpénétration donne à la planification française une coloration corporatiste.

En termes de résultats, le bilan est mitigé. Paradoxalement, ce n'est peut-être qu'à la fin des années 1950, avec le retour de De Gaulle au pouvoir et donc d'une forte volonté de puissance étatique, que le capitalisme à la française, marqué par une dose de planification, s'impose véritablement. Dans le moyen terme de la période 1945-1955, la planification a pourtant connu des résultats positifs.

Si en 1950, les objectifs fixés en 1947 ne sont pas atteints, notamment en termes de croissance de la production industrielle par rapport à 1929, ils sont largement dépassés (+ 12 %) en 1952. C'est dire combien la période 1950-1952 a été favorable. D'autre part, la plupart des objectifs sectoriels sont atteints, voire dépassés, avec parfois des résultats spectaculaires (+ 115 % d'augmentation dans les carburants) au prix, il est vrai, de rationnements qui perdurent jusqu'en 1949.

Strictement rapporté aux objectifs qui avaient été fixés, le deuxième plan connaît une réussite plus complète que le premier. Malheureusement, ce succès, marqué par une croissance de la production industrielle de 5,4 % par an, est largement contrebalancé par le mauvais état des finances publiques, ainsi que nous allons le voir.

II. LES IMPÉRATIFS DE LA RECONSTRUCTION

Comme nous l'avons indiqué dans les chapitres précédents, tout ou presque est à reconstruire dans la France de 1945-1950.

1. Réussites

Les résultats sont brillants et permettent de noter un rattrapage assez impressionnant par rapport à la période de l'immédiat avant-guerre.

Il est vrai que le potentiel industriel français a été peu atteint durant le second conflit mondial. Il est vrai aussi que dans les secteurs les plus atteints – celui des transports notamment – la participation des Alliés et surtout des Américains à la renaissance française a été tout à fait spectaculaire. La « bataille des transports » a été rapidement gagnée grâce à l'effort de tous. Alors qu'en 1945, un peu moins de 3 000 locomotives étaient en état de marche sur 17 000 en service en 1939, et que plus de 2 000 ouvrages d'art avaient été détruits, au milieu de l'année 1947, soit dix-huit mois plus tard, le réseau des transports ferroviaires avait retrouvé son profil d'avant 1940. Les locomotives livrées par les États-Unis, de type « Pacific », dont certaines allaient rester en service jusqu'à la fin de la propulsion à vapeur en France, ont joué un rôle non négligeable dans cette évolution positive.

Il n'en demeure pas moins que l'évolution de la production française est tout à fait favorable sur cette période. Dès 1947, on retrouve, voire dépasse, le niveau de production de 1938, ce qui, compte tenu de l'ampleur des destructions accumulées par la France, est assez spectaculaire.

	1945	*1947*
Revenu national	54	90
Production industrielle	50	99
Production de charbon	73,6	99,5
Production d'acier	26,2	93,4
Production de ciment	40,1	102,7

En indices, base 100 en 1938 *Source* : d'après INSEE.

Une manière de consensus national existe alors sur la nécessité de produire sans cesse davantage. La gauche et la droite tiennent, à cette époque, des discours concordants. On connaît la ligne du Parti communiste français qui tient en trois mots : « Produire, travailler, combattre ». Les socialistes, le centre modéré et De Gaulle ne disent pas autre chose. Aussi, en termes strictement industriels, les gains de production avoisinent les 7 % l'an.

Très logiquement, compte tenu des besoins qui se font sentir dans la reconstruction des infrastructures, ce sont les domaines de base qui apparaissent comme les enfants chéris de la période.

Tous les indicateurs économiques concordent pour avancer que la reconstruction s'opère rapidement. La productivité horaire des mineurs de fond, il est vrai fortement mobilisés par leurs appareils syndicaux, progresse de près de 10 % en 1945 par rapport à 1939.

EDF réalise des prodiges et ouvre un nombre impressionnant de chantiers.

Cependant, certaines ombres apparaissent rapidement au tableau. Dans le domaine de la production sidérurgique, les objectifs du plan ne sont pas remplis. Le patronat sait profiter des avantages d'un certain nombre de financements publics sans jouer la contrepartie de l'investissement.

Ainsi, les succès de la reconstruction sont-ils particulièrement visibles dans les secteurs des activités qui pouvaient être considérés comme des goulets d'étranglement au sortir de la Libération. Le secteur des transports a été le principal bénéficiaire des progrès réalisés. Celui de la production de houille a représenté le second axe privilégié.

En outre, il faut considérer l'évolution globale des taux de productivité. Compte tenu de la *diminution* effective de la population active de 1946 à 1954 (de 20,5 millions d'actifs à 19 millions), les gains de productivité sont importants. Il est vrai aussi que les rythmes de travail ont augmenté. La loi des 40 heures de 1936 n'est plus qu'un lointain souvenir et la durée effective de travail avoisine les 48 heures.

La répartition des secteurs productifs évolue sensiblement sur cette période. En 1946, le secteur primaire représentait 36,5 % des actifs, le secteur secondaire 29,8 % et le secteur tertiaire 33,7 %. En 1954, les mêmes secteurs se situent respectivement à 27,3 %, 35,4 % et 37,2 %.

2. Des ombres au tableau

Malgré les succès indéniables de la période, il ne faudrait pas la prendre pour ce qu'elle n'est pas encore. Ces succès de la reconstruction ne constituent en aucune manière une entrée en fanfare dans la société de consommation. L'économie de pénurie disparaît seulement à partir de 1950.

Un secteur surtout n'a pas répondu aux espoirs qui avaient été mis en lui. La reconstruction de logements neufs ne suit pas les courbes prévues. 56 000 logements sont terminés en 1949 contre 80 000 en 1938.

Le bilan est donc *dual* en ce qui concerne la reconstruction, qui peut être globalement considérée comme achevée en 1950. D'une part, des secteurs importants comme les transports ou certaines industries de base ont connu une renaissance spectaculaire. D'autre part, d'autres secteurs tout aussi importants, comme celui du logement, obéissent encore à une logique malthusienne qui va alimenter des blocages de long terme.

III. PRIX ET SALAIRES

Partons tout d'abord d'un constat simpliste mais fort qui s'impose pour caractériser la période. Le chômage n'existe pratiquement pas. En 1949, le taux global de chômage se situe alors à environ 1 % de la population active en France. À la même date, le Canada, pourtant un des principaux bénéficiaires économiques de la Seconde Guerre mondiale, connaît un taux de chômage de l'ordre de 3,4 %, le Danemark de 2,7 %, les États-Unis d'environ 3 %.

Le dirigisme étatique est également présent dans le registre des prix et des salaires. Et pourtant, les résultats dans ce domaine sont nettement moins brillants que dans celui de la reconstruction.

1. Évolution des prix

Si l'on adopte un horizon-repère en 1938, le dérapage des prix et des salaires est tout à fait impressionnant sur une pente peu vertueuse. Alors que les prix flambent littéralement, les salaires suivent difficilement.

	1945	*1947*	*1949*	*1950*
Prix de gros (moyenne annuelle)	375	989	1 917	2 166
Prix de détail (34 articles)				
Paris	393	1 030	1 817	1 945
Province	415	1 151	2 017	2 125

En indices, base 100 en 1938 *Source* : d'après INSEE.

2. Courbe des salaires

Si l'on garde en mémoire une base 100 en 1938, les salaires réels se situent à l'indice 325 en 1945 et 650 en 1947.

En termes de revenus réels, et sur une plus longue période, les évolutions sont assez lentes en ce qui concerne cette première phase de la croissance française forte. Pour un indice 100 en 1931, les revenus réels par tête sont à :

- 78 en 1946
- 84 en 1947
- 88 en 1948
- 99 en 1949
- 100 en 1950
- 107 en 1951

3. Évolutions monétaires

Signe d'une dégradation considérable sur le front des prix et de la compétitivité internationale, le franc français connaît des reculs successifs tout à fait impressionnants face aux monnaies fortes de l'époque. Alors qu'en 1939, on échange une livre-sterling contre 176 francs, la Pound vaut 200 francs en novembre 1944 et 480 francs en décembre 1945. Alors qu'il faut 43,80 francs pour obtenir un dollar en septembre 1939, il faut débourser 49,6 francs en décembre 1944 et 119 francs en décembre 1945 pour le même billet vert. Encore tout le monde sait-il qu'à ces niveaux, le franc français est surévalué par rapport à sa véritable valeur. Lorsqu'en décembre 1945 sont mises en application les règles de manipulation des taux de change dans le cadre du tout jeune Fonds monétaire international (FMI), les francs français s'échangent à hauteur de 809 pour une livre-sterling et 213 pour un dollar américain.

Autant dire que l'inflation est l'un des phénomènes les plus préoccupants de la période.

En 1945, le volume des billets en circulation a été multiplié par 5,5 par rapport à 1938. Cette inflation vient nuancer les bons résultats productifs de la période et mettre en péril tout le système de financement de l'économie française.

IV. LES MODES DE FINANCEMENT DE LA PÉRIODE : PLAN MARSHALL ET RÔLE DU TRÉSOR PUBLIC

Les gouvernements de la IVe République disposent maintenant de procédés de financement plus performants que ceux de l'entre-deux-guerres. L'extension des pouvoirs de la Banque de France est notable. Elle peut escompter à moyen terme – entre neuf mois et cinq ans – des effets créés à court terme – trois mois – par les banques et autres établissements financiers.

L'État, dans cette première décennie des « Vingt Glorieuses », doit faire face à un problème de taille. Entre 1945 et 1949 notamment, se pose ce que l'on peut appeler « l'impasse budgétaire ». L'État dépense chaque année beaucoup plus que ne lui permettraient normalement ses recettes budgétaires. En 1945, le déficit de la balance commerciale est de l'ordre de 860 millions de dollars.

En 1946, le déficit est bien pire encore et se monte à 1 527 millions de dollars. Il faut y faire face par des sorties d'or (680 millions de dollars en 1945) ou par des ventes d'or par la Banque de France. Rien que sur l'année 1946, la Banque de France est obligée de se délester de 1 100 millions de dollars d'or. Les réserves de la Banque fondent alors très rapidement. De l'ordre de 1 550 tonnes d'or en 1945, elles tombent à 394 tonnes en 1947.

Ces déficits alimentent des pratiques douteuses sur le plan strictement économique, qui viennent occulter artificiellement la médiocre performance des entreprises nationales à l'exportation en faisant entrer en ligne de compte des primes, grâce à la Caisse de péréquation, créée pendant l'occupation.

C'est reconnaître là que les déséquilibres financiers de la période sont causés par le fait que l'État se substitue alors aux financements privés, fortement réduits sur la période qui suit immédiatement la Seconde Guerre mondiale.

C'est dans ce contexte qu'il convient de parler du plan Marshall.

1. Le plan Marshall et ses conséquences

L'acceptation du plan Marshall par la France est un bon révélateur des faiblesses du pays en 1947. En effet, il suppose que la France renonce à sa « politique allemande ». En d'autres termes, la France doit abandonner sa ligne dure à l'égard de l'Allemagne si elle veut profiter des subsides américains. Les crédits consentis par les États-Unis avant ceux de l'aide Marshall avaient déjà la même orientation discrètement contraignante. Harry Truman et ses conseillers font ainsi l'analyse qu'une Allemagne rénovée et que l'on aidera à retrouver sa prospérité économique ne saurait être tentée d'ouvrir les bras au communisme. La dénazification poussée, voulue théoriquement et conjointement par les trois grands Alliés lors des conférences de Yalta (février 1945) et Potsdam (juillet 1945), passe ainsi aux oubliettes. La situation financière de la France est suffisament grave pour que les dirigeants français acceptent de renoncer à certains grands principes pour gérer le quotidien.

Le discours de Harvard, par lequel le général Marshall annonce son plan, date du 5 juin 1947. C'est « l'European Recovery Programm ». Le plan se veut une « aide fraternelle » offerte sur un pied d'égalité théorique à toutes les puissances européennes. L'URSS se voit ainsi proposer des subsides au même titre que la France ou l'Angleterre. Il s'agit de « vaincre la faim, la pauvreté, le désespoir, le chaos ». L'offre est loin d'être désintéressée.

D'une part, l'aide est conditionnelle. Elle doit être associée à une libération des échanges au sein de l'Europe par abaissement des droits de douane. Compte tenu de la situation de la production mondiale, cela revenait purement et simplement à permettre aux produits américains de se vendre encore mieux en Europe. D'autre part, l'aide Marshall a une dimension collective non négligeable. C'est l'ensemble d'un système productif et surtout commercial occidental qu'il s'agit de reconstruire. La réponse soviétique ne se fait pas attendre. Le 27 juin 1947, les dirigeants de l'URSS font savoir qu'ils ne sauraient accepter l'offre américaine, évidemment dirigée contre eux, même si un peu hypocritement, Marshall avait déclaré dans son discours de juin que son plan n'était tourné « contre aucun pays, ni aucune doctrine ». Ils entraînent dans leur sillage la Tchécoslovaquie qui avait d'abord accepté le plan mais se voit contrainte d'y renoncer sous la pression soviétique, ainsi que la Finlande, qui n'est pas soviétisée, au prix d'une neutralité de haute voltige et qui avance pour justifier son refus de discrètes « raisons politiques et géographiques ». Sa frontière commune avec l'URSS constitue incontestablement la meilleure des raisons.

La France, au contraire, accepte avec empressement l'aide Marshall. Le 13 juin, le gouvernement français fait part à Washington de ses projets en matière de reconstruction. La « règle du jeu » – entièrement américaine – a été clairement édictée par les États-Unis lors des négociations finales qui marquent le début de l'application du plan Marshall, en octobre-novembre 1947 : « Pas d'aide américaine sans l'Allemagne, ni d'aide américaine sans stabilisation intérieure et effort d'exportation. »

Au total, sur la période 1947-1951, l'aide Marshall représente 12,9 milliards de dollars pour les seize pays qui ont finalement accepté le plan. En tenant compte des fonds débloqués par le programme Marshall, *stricto sensu*, la France apparaît au second rang des bénéficiaires, avec 2 milliards de dollars. La Grande-Bretagne a été le pays le plus favorisé dans la répartition des capitaux. L'Allemagne et l'Italie suivent la

France. Cependant, si l'on tient compte du total des capitaux américains qui viennent irriguer l'Europe – et notamment les capitaux débloqués par les États-Unis *avant* l'aide Marshall –, c'est l'Allemagne qui ressort nettement comme principal bénéficiaire de l'argent américain. Ainsi se trouve financièrement vérifiée la stratégie du *containment*, qui vise à endiguer la progression du communisme en Europe occidentale en aidant les puissances occidentales à retrouver leur niveau économique d'avant-guerre puis à le dépasser.

Les conséquences de l'aide Marshall sont de deux ordres.

1. Sur le court terme, ce mode de financement s'apparente, pour la France, à une divine surprise. Il permet de couvrir les besoins immédiats du financement de l'économie de la reconstruction comme de couvrir l'essentiel des importations. Les entreprises nationales et la reconstruction consomment 60 % des fonds octroyés à la France par l'aide Marshall.

Autre avantage de court terme non négligeable, la France, en bénéficiant d'une aide extérieure importante, peut se permettre de couvrir le déficit chronique de ses échanges.

2. À plus long terme, les effets sont singuliers et ne concernent pas uniquement l'économie française. À partir du moment où les dons américains doivent déboucher sur une coordination des efforts des pays bénéficiaires, les Américains suscitent la création d'organismes nouveaux visant à gérer les fonds Marshall. Le plus célèbre d'entre eux est l'Organisation européenne de coopération économique (OECE), qui naît en avril 1948 et préfigure l'Organisation de coopération et de développement économique (OCDE).

L'Union européenne des paiements (UEP), qui date de 1950, gère les fonds reçus des Américains et travaille à rétablir les paiements multilatéraux en Europe.

Au plan franco-français, l'aide Marshall ouvre la voie à une répercussion de moyen terme non négligeable. Ne serait-ce que pour justifier aux yeux des Américains les dépenses engagées, elle oblige les dirigeants économiques et politiques français à avoir une vision claire et prospective de l'utilisation des fonds consentis par les Américains. En d'autres termes, la planification française peut être vue comme étant l'enfant naturel du plan Marshall. La planification n'est d'ailleurs, dans sa première phase, qu'une interface entre le plan Marshall et les besoins de financement de l'économie française. La chronologie du premier plan français est d'ailleurs calquée sur celle du financement américain. Dès 1948, la fin du plan Monnet est repoussée à 1952, année à laquelle l'aide américaine doit se terminer.

Le plan Marshall a surtout été l'occasion pour les Européens de prendre conscience de la contrainte amicale et intéressée des États-Unis et les a poussés à s'aider eux-mêmes.

2. Le rôle du Trésor public

En 1949 encore, 47 % des investissements nationaux sont financés par des fonds publics. Pourquoi et comment l'État se retrouve-t-il en situation de financier de l'économie par le biais des institutions spécialisées qu'il contrôle ?

À partir du moment où le débat Mendès-France/Pleven est arbitré comme on l'a vu au chapitre 1, la politique financière des responsables de la IVe République est centrée sur la notion d'argent bon marché. En 1947, alors que l'inflation est de l'ordre de 49 % sur l'année, le loyer de l'argent n'est encore que de 1,75 %. Le Trésor doit jongler en permanence avec ce différentiel pour tenter d'équilibrer les comptes.

Surtout, le Fonds de modernisation et d'équipement (FME), créé en janvier 1948 à l'initiative de Jean Monnet, joue un rôle considérable dans la reconstruction des activités économiques de base en utilisant les fonds de l'aide Marshall. Ainsi tout se tient. Le patronat traditionnel, écarté des prises de décisions économiques pour raison de présomption de collaboration, n'investit plus guère. L'État, qui se retrouve, par le biais des nationalisations et des réformes du crédit, à la tête des postes de contrôle de l'économie nationale, se substitue en grande partie à la carence des investisseurs privés. Une double perspective s'ouvre. Les fonds Marshall servent à reconstruire et à planifier, le Trésor public assure les financements de court terme, mais finance aussi le plus long terme par l'intermédiaire d'organismes spécialisés. L'État devient, à cette période, non seulement gestionnaire mais aussi investisseur. Les répercussions de cette attitude de la période

1945-1955 se retrouvent à l'évidence dans certaines attitudes étatiques ultérieures. Le Fonds de développement économique et social (FDES) de 1955 s'inscrit parfaitement dans cette logique de financement de projets lourds par l'État qui vient compléter le rôle du Trésor sur le court et moyen terme.

Parallèlement, la lutte contre l'inflation fait aussi partie des buts poursuivis par le Trésor. Ainsi le FME bénéficie-t-il, en 1948, d'un prélèvement exceptionnel de lutte contre l'inflation.

Donc le Trésor public joue de plus en plus souvent le rôle d'arbitre, dans cette période, entre les responsables qui souhaitent un développement des investissements lourds (commissaire au plan, par exemple) et les dirigeants qui veulent éviter un dérapage inflationniste (directeur du Budget ou gouverneur de la Banque de France).

V. UNE AGRICULTURE TRADITIONNELLE QUI COMMENCE UNE RÉVOLUTION

L'agriculture ne doit pas être oubliée dans ce bilan de l'économie française des années qui suivent la Libération. Il faut d'autant moins la négliger qu'elle l'a été fort injustement par les planificateurs alors qu'elle représentait une activité encore dominante. 36,5 % de la population active de 1946 est employée dans la production agricole, alors que la main-d'œuvre industrielle ne représente encore, à la même date, que 29,8 % de la population active.

Il est vrai que, si l'on dresse un bilan chiffré de la population active employée rapportée à la part de PIB produite alors par l'agriculture, on constate aisément que la productivité n'est pas encore le mot clé du domaine primaire de l'époque. En 1949, l'agriculture ne produit que 16,9 % du PIB avec plus du tiers de la population active. L'industrie est productive : elle alimente 29 % du PIB avec un peu plus de 29 % de la population active.

Les gains de productivité du secteur agricole passent par une triple évolution.

D'une part, il faut que les campagnes se vident pour diminuer la pression sur les terres et le morcellement des exploitations. D'autre part, il faut que le capital se substitue au travail en incorporant dans les facteurs de production davantage de technologie. Enfin, il faut que le marché constitue un appel qui permette d'augmenter la part de produits agricoles commercialisée.

1. L'exode rural

Il a été plus lent en France que dans d'autres pays de la même génération d'industrialisation. À la fin du XIXe siècle, les agriculteurs ont été maintenus artificiellement sur leurs petites exploitations par un système de prix faussé par des tarifs protectionnistes – comme celui de Jules Méline de 1892 – relayé ultérieurement par des soutiens apportés aux cours des matières premières agricoles (Office national interprofessionnel des céréales du Front populaire).

Même s'il est possible de déceler des signes d'exode rural à partir de 1870, ce n'est qu'aux lendemains de la Première Guerre mondiale, à laquelle les paysans ont versé le plus lourd tribut de la population française – en chiffres absolus mais pas en chiffres relatifs –, que la dépopulation des campagnes commence vraiment. Mais plus encore, c'est après la Seconde Guerre mondiale que les campagnes françaises se vident massivement. Alors qu'entre 1921 et 1936, l'agriculture perdait environ 79 000 emplois par an, elle en concède 135 000 par an entre 1944 et 1973. La conséquence la plus directe de l'exode rural tient dans la concentration des exploitations agricoles qui voient enfin leur superficie moyenne orientée à la hausse alors que le XIXe siècle avait été, au contraire, marqué par une dispersion consécutive aux pratiques de divisions successorales.

2. La substitution capital/travail et les gains de productivité

Sur le long terme (1950-1973), la productivité agricole s'est accrue de 6 % par an. C'est là le résultat de plusieurs évolutions convergentes.

La consommation d'engrais progresse encore plus vite sur la même période (7,3 % par an). Elle permet d'augmenter les rendements, notamment dans des régions réputées impropres à la production agricole. La plaine champenoise entre Reims, Troyes et Châlons-sur-Marne, réputée jusqu'alors « pouilleuse » et qui s'était spécialisée dans l'élevage du mouton mérinos, commence alors une spectaculaire progression qui prend la forme d'une explosion des rendements ; celle-ci va faire de la région un des greniers à blé du pays et assurer la fortune des agriculteurs du cru.

L'emploi systématique de plantes fourragères, la diffusion des prairies artificielles, représentent un deuxième argument qui explique les gains de productivité.

La mécanisation constitue l'axe le plus visible de la substitution capital/travail. Le nombre de tracteurs passe de 30 000 en 1938 à 150 000 en 1950. Parfois des cas de surmécanisation relative sont d'ailleurs observés, notamment en Bretagne où le remembrement n'a pas encore permis l'augmentation de la taille des parcelles.

3. La part croissante de la commercialisation

Jusqu'aux lendemains de la Seconde Guerre mondiale, l'agriculture française avait eu tendance à se replier uniquement sur le marché intérieur. Par le biais de l'administration de certains prix, comme ceux du blé, les producteurs échappaient à la concurrence.

L'ouverture relative de l'économie change les données du problème. Les agriculteurs français sont de plus en plus attentifs aux besoins du marché, d'autant plus que la demande est forte. En 1948-1950, le niveau de production agricole de 1938 est à peu près reconstitué. Le marché du blé, notamment, très porteur, commence alors à progresser avec des taux très impressionnants, de l'ordre de 7 % par an.

Ces progrès agricoles ne profitent pas de la même manière à tous et commencent à opérer une césure entre deux types d'agricultures et deux types d'agriculteurs français. Les plus favorisés s'orientent vers une grande agriculture mécanisée génératrice de hauts revenus. Une seconde catégorie, plus vaste quantitativement, demeure attachée à la petite agriculture familiale et va connaître bien des déboires ultérieurement.

Ce temps de la reconstruction est donc marqué, en définitive, par des orientations lourdes qui vont peser sur les évolutions ultérieures au prix d'ailleurs d'un certain nombre d'effets pervers dont nous aurons l'occasion de reparler.

Le succès de la reconstruction est indéniable, même s'il est à nuancer selon les secteurs, mais il est dû en partie à une dépendance financière vis-à-vis de l'extérieur, même si cette dernière n'a duré que quelques années.

Le rôle de l'État a été considérablement renforcé et devient même une spécificité française qui marque sur le long terme plusieurs générations de décideurs politiques et économiques, mais également plusieurs générations de chefs d'entreprises.

Chapitre 4

La croissance forte (1955-1969)

Nous entrons maintenant dans la période du « noyau dur » de la croissance économique française depuis 1945. Il convient d'en identifier les manifestations essentielles et d'en fournir quelques clés de lecture.

I. DES RÉUSSITES SPECTACULAIRES

Le taux de croissance moyen français se situe entre *5,5 % et 6 % par an pendant quinze ans.* Jamais, dans l'histoire économique de la France, on n'avait pu, auparavant, mesurer de tels taux de croissance sur une aussi longue période. La croissance est même supérieure à ces taux, dans la période 1960 à 1963, puis repasse sous cette barre entre 1964 et 1968 avant de franchir à nouveau le seuil de 5,5 % entre 1969 et 1973. Seul le Japon fait mieux sur la même période, notamment au moment de la guerre de Corée. C'est bien là que l'on peut parler d'une véritable « révolution économique », beaucoup plus réelle et importante que les « révolutions industrielles » du XIXe siècle.

1. La hausse de la demande

Plusieurs conditions expliquent ce comportement. Nous avons vu que le niveau de chômage est très bas. Les salaires versés à une très large majorité d'actifs français, l'assurance de disposer de ces salaires, sans risque de licenciement, encouragent la consommation des ménages. Les revenus de redistribution, fruit des réformes de structures de 1945, commencent à faire sentir leurs effets. L'ambiance est ainsi largement à l'optimisme et à la confiance. Ce sont ces deux sentiments qui poussent à accepter l'enfant supplémentaire et qui expliquent largement le baby boom, même si des signes avant-coureurs d'un renouveau de la natalité française peuvent être identifiés avant la Libération, dès 1942. Les chiffres sont éloquents. Alors que les années 1930 voyaient la mortalité (aux alentours de 16 ‰) l'emporter sur la natalité (environ 15 ‰), l'inversion de la tendance est nette après 1945. Jusqu'en 1964 un accroissement naturel annuel de l'ordre de 8 ‰ est de rigueur. De 1946 à 1948, le nombre moyen d'enfants par femme dépasse même 3 (le seuil de reproduction des générations étant fixé à 2,1 enfants par femme). Il reste constamment supérieur à 2,6 jusqu'en 1964 (contre 2,06 en 1935).

Si les conséquences directes existent au niveau de la consommation, notamment en termes de stimulation du marché des produits alimentaires, ce sont surtout les conséquences indirectes de l'augmentation de la taille des familles qui se manifestent le plus à moyen terme. La structure des dépenses des ménages est profondémment transformée. Les dépenses les plus immédiatement liées aux enfants sont en augmentation sensible. C'est le cas des secteurs de l'alimentation pour bébés, de l'habitation, de la santé. L'entrée dans l'ère de la consommation est rendue possible par la conjonction de deux arguments forts : hausse des revenus disponibles et élargissement du nombre de consommateurs qui se trouvent en interaction. Quelques années plus tard, on retrouve les « bébés-boom » dans l'institution scolaire qui, elle aussi, doit s'adapter en offrant un nombre croissant de classes et d'enseignants. Les investissements matériels (construction de crèches, d'écoles, de collèges et de lycées) financés par la collectivité publique représentent, dans ce registre, une part notable de la totalité des investissements publics.

Le renouveau de la natalité s'exprime également par un rajeunissement global de la société française. C'est là un argument capital pour expliquer la croissance des consommations, tant il est vrai que ces dernières obéissent à des rythmes cycliques liés à l'âge.

Cependant, il faut nuancer le poids de la demande dans le schéma d'explication de la croissance forte de la période. D'une part, parce qu'elle met plusieurs années à s'exprimer véritablement. D'autre part, parce qu'aux yeux de certains économistes libéraux, elle n'aurait fait qu'accompagner la croissance de la production française, qui aurait été due essentiellement aux efforts d'investissement en capital fixe et en capital humain. C'est donc en termes d'investissement productif qu'il conviendra de trancher le débat.

Certains indicateurs révèlent bien la forte croissance économique française de cette période.

2. La consommation d'énergie

Entre 1950 et 1970, elle est multipliée par 2,5. C'est d'abord l'industrie qui a été fortement demandeuse d'énergie avant de passer le relais aux particuliers, preuve d'une mutation des vies quotidiennes rendue possible par un enrichissement global. En 1960, la sidérurgie consomme à elle seule 15,6 % du total de l'énergie consommée en France. Les industries représentent alors 36,1 % de la consommation énergétique. En 1968, la sidérurgie ne consomme plus que 10,8 % de l'énergie nationale. Les industries ont vu leur part augmenter à 40,1 %. En revanche, les particuliers qui consommaient 28,9 % de l'énergie nationale en 1960, en consomment dorénavant 30,1 %, preuve de la montée des besoins énergétiques dans la sphère privée, eux-mêmes révélateurs de la montée des possibilités de consommation de la période.

Ces chiffres ne rendent par ailleurs pas compte de certains changements qualitatifs. Alors qu'en 1950, la part du charbon dans le bilan énergétique français s'élevait à 74 %, il ne représente plus que 54 % en 1960. Le plan Jeanneney, adopté en 1959, prévoit la fermeture des puits les moins compétitifs. Les bonnes performances de l'économie nationale sont de plus en plus assurées par une source d'énergie à bon marché, le pétrole. Un seul argument compte alors, celui des coûts de revient, qui n'intègre pas la notion – il est vrai de peu d'actualité à l'époque – de sécurité des approvisionnements. Le choix du « tout pétrole » se mesure aisément sur le moyen terme. En 1950, les hydrocarbures couvrent 18 % des besoins en énergie de la France. En 1973, ils en fournissent 67 %, sachant que ces besoins ont été en forte hausse.

3. Les secteurs industriels rois de la croissance forte

Globalement, entre 1955 et 1969, il faut distinguer les industries de biens d'équipement ou de biens intermédiaires et celles des biens de consommation.

Les premières connaissent une croissance plus forte que les secondes. Il faut ajouter à ces arguments que l'État est de plus en plus présent dans l'économie et qu'il prend des décisions de politique économique qui intègrent bien autre chose que les seuls facteurs de production ou de prix de revient. Les « tactiques d'action » de la période relèvent ainsi de choix largement politiques (« plan calcul », filière atomique ou programme Concorde).

La production de biens d'équipement (industries mécaniques et électriques) et celle de biens intermédiaires (industries métallurgiques, sidérurgiques, chimie, verreries, industries des matériaux de construction) connaissent des taux de croissance de la *production* tout à fait exceptionnels. Sur notre période, les industries d'équipement connaissent des taux de croissance de l'ordre de 7,4 % par an. Dans le secteur des biens intermédiaires, ils avoisinent encore 6,9 % par an. En outre, la croissance de la *productivité* du travail a également fortement progressé – avec une population active stagnante, rappelons-le, qui oblige à faire venir une main-d'œuvre immigrée – de l'ordre de 6,7 % par an sur la période pour les biens intermédiaires et de 5,7 % pour les biens d'équipement. Cela semble donner raison aux théoriciens de l'offre affirmant, comme nous le soulignions précédemment, que la demande consécutive à l'augmentation de la natalité n'avait pas été le moteur essentiel de la croissance forte. Les efforts d'investissement ont été importants dans le secteur des industries de base et tranchent sur les réactions de la période de la reconstruction dans laquelle l'État fournissait l'essentiel des capitaux. Il est vrai qu'au début des années 1960, l'État est encore fortement engagé, en termes d'investissements, dans les industries de base. Une petite ombre au tableau existe pourtant. Le capital fixe par tête s'accroît rapidement de plus de 5 % par an, mais seulement jusqu'en 1960, du moins en ce qui concerne les industries de biens intermédiaires. Passé cette date, le niveau de profit se détériore rapidement, les difficultés financières apparaissent et engendrent des problèmes économiques et sociaux majeurs que nous aborderons ultérieurement.

Les industries de consommation connaissent un taux de croissance de la production légérement inférieur à celui des industries d'équipement. Il faut tabler sur environ 4,8 %, ce qui reste cependant tout à fait favorable. Si les taux de production semblent moins favorables que ceux enregistrés dans les industries de biens d'équipement et de biens intermédiaires, en revanche, la situation du capital est bien meilleure dans le domaine des industries de biens de consommation. La progression du capital fixe par tête est plus rapide (5,9 % par an). La productivité du travail atteint, pour sa part, 6 % par an, ce qui constitue un résultat tout à fait remarquable.

Ainsi, une image à double face s'impose pour caractériser les activités qui assurent la croissance forte. Les industries de base (biens d'équipement et biens intermédiaires) assurent la partie la plus spectaculaire, mais aussi la plus fragile de la croissance. Les industries de biens de consommation relaient opportunément les biens d'équipement et assurent la continuation de la croissance lorsque le premier type d'industrie connaît déjà des difficultés. Si l'on adopte cette problématique, il va de soi que la demande issue en partie du renouveau démographique, de la hausse des salaires réels et des revenus de redistribution, joue un rôle actif dans la croissance économique française, et ne se contente pas simplement d'un rôle d'accompagnement, au moins à partir de 1962-1963.

4. Une nouvelle géographie industrielle

Avec les mesures de « desserrement » industriel que le général De Gaulle préconise après son retour au pouvoir en 1958, les centres de gravité du développement économique sont quelque peu modifiés. Il est vrai que les résultats ne sont pas forcément à la hauteur de la « décentralisation » annoncée et largement financée par le contribuable par le biais des dégrèvements fiscaux dont bénéficient les entreprises qui acceptent de partir en province en abandonnant la région parisienne. Certaines entreprises délocalisent en province une partie de leur personnel en conservant à Paris leurs sièges directoriaux, afin de profiter des mesures fiscalement intéressantes de cette première vague de décentralisation.

Si la région parisienne et l'Alsace sont toujours des zones privilégiées de l'industrie, des régions commencent à se désindustrialiser (Lorraine, Nord-Pas de Calais) en fonction du repli des activités extractives et du textile. En revanche, l'axe de la basse Seine se développe avec l'utilisation de plus en plus massive du pétrole comme source d'énergie. Il est fortement marqué par les industries pétrochimiques de transformation et de stockage du pétrole brut ou de ses dérivés, déchargés au Havre. Le couloir rhodanien est de plus en plus fortement marqué par les industries chimiques qui renforcent leur présence.

II. LA GÉNÉRALISATION DES CONSOMMATIONS

L'entrée dans l'ère de la consommation constitue, sans aucun doute, la dimension la plus spectaculaire de la croissance forte de la période 1955-1969. Mais il ne saurait exister de consommation sans création, en amont, de revenus disponibles en forte augmentation.

1. L'évolution des revenus

Le revenu par tête évolue en France de manière tout à fait favorable. Alors qu'il était à l'indice 68 en 1953, il passe à l'indice 123 en 1968 (base 100 en 1963). Il s'agit donc presque d'un doublement en l'espace de quinze années seulement. On peut parler d'une véritable révolution mentale, en termes d'évolution historique. Même si, bien entendu, toutes les catégories sociales ne sont pas touchées à l'identique dans ce processus d'enrichissement global de la société française, il est possible d'identifier là un phénomène jusqu'alors inconnu dans l'histoire de notre pays. D'autant plus que, par un phénomène de rattrapage des salaires réels qui avaient traîné dans l'entre-deux-guerres par rapport aux autres pays industrialisés, la progression du revenu par tête est plus favorable en France qu'ailleurs, sur la période 1955-1969. Les États-Unis, sur une période de quinze ans

(1953-1968), voient leur indice passer de 89 à 121 (base 100 en 1963), soit une progression de 26 %. La Grande-Bretagne passe de l'indice 81 en 1953 à l'indice 113 en 1968, soit une progression de 28 %.

Globalement, jusqu'au début des années 1980, le partage du revenu national est favorable aux ménages, ce qui explique largement l'entrée dans l'ère de la consommation généralisée. Il faut ajouter un argument supplémentaire. En cette période euphorique, l'avenir ne constitue pas une menace. Les « fuites » – dirait-on en langage keynésien – de consommation dues à l'épargne sont donc très modérées. On peut estimer qu'entre 1950 et 1970, 85 % des revenus disponibles sont consacrés à la consommation, 15 % seulement de ces revenus s'orientant vers l'épargne.

La croissance forte profite davantage aux salaires des cadres qu'à ceux des ouvriers. Le rapport salarial entre cadres supérieurs et ouvriers est à 4,10 en 1954, il passe à 4,40, en 1968, avant redistribution.

Selon le Centre d'études des revenus et des coûts (CERC), en 1962, la disparité des revenus disponibles obéit à la dispersion suivante :

Agriculteurs exploitants	91
Professions indépendantes/libérales	188
Cadres supérieurs	191
Cadres moyens	116
Employés	86
Ouvriers	66

Base 100 = ensemble des ménages actifs

En fonction de ces fortes augmentations du pouvoir d'achat réel des ménages, il faut distinguer l'évolution des consommations individuelles et celle des consommations collectives.

2. Les consommations individuelles

Elles sont essentiellement centrées sur quatre postes principaux : logement, transport, santé et loisirs.

Les équipements durables liés au logement progressent rapidement. L'équipement des ménages en réfrigérateurs passe de 25 % en 1960 à 75 % en 1969. Les machines à laver le linge passent d'un taux d'équipement de 27 % en 1960 à 55 % en 1969. La télévision équipe 13 % des ménages en 1960 et 66 % en 1969. L'automobile progresse plus lentement, car les sommes à investir sont plus importantes, mais passe cependant de 30 % de ménages équipés en 1960 à 55 % en 1969.

Parallèlement, les dépenses basiques de vêtements et de nourriture régressent, au moins en termes relatifs. Le choix par les fabricants de créneaux de productions de bas de gamme y est incontestablement pour quelque chose. Le recours à des fibres bon marché, à des productions précocement délocalisées dans les pays du tiers monde, comptent aussi. En troisième lieu, des modifications de comportements vestimentaires interviennent. Le recul du sur mesure des artisans-tailleurs, la progression du prêt-à-porter des grands magasins, et surtout la victoire, timide avant mai 1968 et fulgurante après, de modes vestimentaires décontractées intégrant l'uniforme incontournable du *jean's*, expliquent largement ces comportements.

Le poste des dépenses de transport ressort de plusieurs causes convergentes. D'une part, les effets de l'urbanisation se font lourdement ressentir. Alors qu'en 1946 seulement 53 % des Français habitaient dans des agglomérations, le taux d'urbanisation grimpe à 70 % en 1968. Les conséquences sur la vie quotidienne sont importantes. Dorénavant, les déplacements entre lieux de travail et lieux d'habitation à l'intérieur des zones urbanisées sont de plus en plus monnaie courante. Les transports collectifs, notamment dans la région parisienne, finissent par constituer un poste de dépense notable des ménages. D'autre part, la voiture particulière, longtemps symbole d'ascension sociale, représente aussi un motif de dépense, voire d'endettement, des particuliers. Ce poste représente, à lui seul, 90 % de l'augmentation des dépenses de transport des ménages.

Les dépenses de santé connaissent un boom tout à fait exceptionnel. L'offre et la demande se rejoignent, une fois de plus, pour expliquer cette croissance étonnante. En élargissant quelque peu la chronologie de réflexion, on s'aperçoit, par exemple, que les professions libérales sont passées de 120 000 membres en 1954 à 260 000 en 1980. La profession de médecin explique, à elle seule, largement cette évolution. Rien qu'entre 1975 et 1979, le nombre des médecins passe de 59 000 à 73 000 en France. La couverture sociale des dépenses de santé, de mieux en mieux assurée, explique aussi un double phénomène. D'une part, les ménages populaires n'hésitent plus à avoir recours aux services médicaux. D'autre part, la progression de l'espérance de vie fait surgir une classe d'âge élevée, fortement consommatrice de soins et de dépenses de santé. En 1933, 50 % des Français de sexe masculin mouraient avant l'âge de 66 ans alors qu'en 1969, l'espérance de vie moyenne de ces mêmes Français est de l'ordre de 68 ans.

La demande de consommation liée aux loisirs est également très forte, mais moins sensible que celle que les périodes ultérieures – après 1970 – vont connaître. Tout au plus est-il possible de distinguer une césure qui s'opère entre la consommation individuelle de biens culturels (chaînes hi-fi, télévision) et la consommation collective (cinéma, presse), cette dernière entamant alors une stagnation qui se poursuit aujourd'hui. Encore convient-il de nuancer. L'ensemble des ménages français ne participe pas équitablement à la croissance des dépenses de consommation culturelle. Les couples sans enfants et les célibataires sont les principaux animateurs de cette croissance.

3. Les consommations collectives

Les consommations collectives permettent d'entamer un processus d'homogénéisation progressive des modes de vie.

La consommation de biens d'éducation commence alors à être spectaculaire, même si ce sont les années 1970-1980 qui vont accélérer le processus. L'allongement de la scolarité obligatoire en constitue la partie émergente. Les années de la croissance forte sont, en effet, marquées par la conviction, très largement partagée, que la réussite scolaire constitue la meilleure des échelles de promotion sociale. On croit alors totalement à l'institution scolaire, même s'il arrive qu'on la brocarde.

Les bacheliers de l'année scolaire 1960-1961 représentent seulement 11 % de leur cohorte d'âge. C'est encore un système éducatif à l'ancienne, destiné à former les élites, qui continue de s'exprimer. Il ressemble à celui de 1938 qui avait vu décerner le titre de bachelier de l'université à environ 30 000 jeunes Français. Dix années plus tard, lors de l'année scolaire 1970-1971, le pourcentage de bacheliers d'une génération a doublé (20 %). La révolution de l'enseignement par la massification est en marche.

Les dépenses de santé relèvent à la fois des consommations individuelles et collectives. Le recours à la médecine libérale s'intègre dans le premier cas de figure, le système hospitalier, dans le second. Selon Bernard Simler, la part des dépenses de santé dans le total de la consommation collective a sans cesse franchi des paliers en France, représentant 25 % dans les années 1950, 33 % au milieu des années 1960 et 40 % au début des années 1970.

Les modifications de la population française commencent à entraîner, au début des années 1960, des consommations collectives spécifiques. La féminisation de la population active fait que les jeunes enfants doivent de plus en plus trouver des places dans des crèches ou autres garderies. L'éloignement entre lieu de résidence et lieu de travail, en créant les « migrations pendulaires », donnent naissance à de nombreuses cantines d'entreprises, dont il faut bien payer les services. La prolongation de l'espérance de vie, qui s'amorce vigoureusement dans ces années, oblige à construire des hospices et des maisons de retraite, qui constituent une part grandissante de la consommation du troisième âge.

Ces hausses de toutes les consommations sont rendues d'autant plus possibles qu'outre les augmentations de revenus disponibles, le nombre annuel d'heures de travail sur le long terme a régressé, donnant du temps pour consommer. En 1900, le nombre annuel d'heures de travail tournait aux alentours de 3 200 heures. En 1950, il se situe autour de 2 400 heures. En 1966, il est, légalement, de 2 078 heures.

Au total, l'accès à la consommation de masse s'exprime par un redéploiement spectaculaire des dépenses des ménages.

Comparaison des dépenses des ménages (en %)

	1949	*1959*	*1970*
Alimentation	42	34	27,2
Habillement	13	9	8,6
Habitation	14,7	11,8	14,5
Équipement du logement	0	10,2	10
Hygiène et santé	6	7,1	9,8
Transports/télécommunication	6	9	11,7
Divers	18,3	18,9	18,2

Source : d'après INSEE et rapport Méraud, 1989.

Ces évolutions ont été synthétisées dans l'ouvrage désormais célèbre de Jean Fourastié, *Les Trente Glorieuses.* Si l'on peut remettre en cause la durée réelle de la croissance forte, il n'est pas question de nier l'importance fondamentale des habitudes économiques et sociales contractées durant cette période. Selon une image de Fourastié, la France et les Français changent plus entre 1946 et 1975 qu'entre l'époque de Louis XIV et 1946. Jean Fourastié, en donnant deux noms différents à un même village (*Douelle en Quercy*), insiste sur la rupture qui existe entre le monde de Madère, qui décrit la réalité rurale de 1946 et le monde de Cessac qui intègre la vision de la société de 1975.

Même si les évolutions sociologiques ne sont pas au cœur de cet ouvrage, il convient pourtant de souligner combien cette vingtaine d'années d'accès à la consommation du plus grand nombre a eu des répercussions lourdes sur la société française. Des réflexes de « droit à la consommation » ont été créés. C'est en référence à cette période – au vrai, tout à fait exceptionnelle – que s'expriment aujourd'hui des frustrations de consommation. Les consommations d'éducation, la prolongation de la durée moyenne de la scolarité, ont contribué à allonger la période intermédiaire entre l'adolescence et la vie active et à reporter l'entrée dans l'âge adulte. Les conséquences de cette période de croissance forte sont donc parfaitement perceptibles une trentaine d'années après son déroulement.

III. LES ENJEUX DE L'INTERNATIONALISATION

À partir du début des années 1960, l'économie française ne peut plus se permettre de vivre dans des réflexes de fermeture et de préservation du marché intérieur qui étaient les siens jusqu'alors. Le début d'application du traité de Rome, les relations financières de plus en plus étroites entre partenaires européens, poussent les responsables politiques et économiques français à accepter, bon gré mal gré, les règles de la concurrence internationale. L'interaction avec les problèmes monétaires est assez évidente. La France, qui s'est assez bien accommodée d'un niveau d'inflation qui « dope » les investissements intérieurs et gomme l'endettement de l'État, ne peut pas maintenir cette dérive monétaire si elle souhaite s'internationaliser. Le plan de stabilisation de 1963, que nous allons développer, permet de s'intéresser aux problèmes de l'ouverture de l'économie française à l'international.

1. Les raisons de la relative fermeture française avant 1963

Un certain protectionnisme déguisé, en vigueur depuis la Libération, explique en premier lieu les attitudes françaises. Depuis 1945, la préférence pour les produits nationaux ou coloniaux a été renforcée. D'où l'importance capitale de cet empire colonial que l'économie française n'a guère découverte qu'au moment de la grande crise des années 1930, mais qui lui assure, dans les années 1950 encore, la possibilité de se ravitailler à bon compte.

Le second argument qui entre en ligne de compte est constitué par le fait que la France a bénéficié d'une aide extérieure par le biais du plan Marshall. Cette aide lui a permis de couvrir, durant quelques années, les déficits chroniques de sa balance commerciale et donc de rendre moins pressante la confrontation avec les produits étrangers. D'autant plus que les choix productifs de cette phase de relative fermeture sont clairement identifiés, comme nous l'avons vu. Les biens d'équipement et les biens intermédiaires l'emportent sur les biens de consommation, venant encore réduire la nécessité de se confronter à la concurrence.

2. L'ouverture de 1962-1963

Après 1962, l'économie française intensifie nettement ses relations avec l'extérieur. Les conséquences de cette ouverture sont encourageantes dans certains secteurs. Les produits alimentaires connaissent des résultats spectaculaires à l'exportation, ainsi que les produits d'origine agricole, qui commencent ainsi à accéder au statut de « pétrole vert » que voudra leur conférer ultérieurement Valéry Giscard d'Estaing. Entre 1959 et 1973, le ratio exportation/production passe de 3,9 % à 13,8 % dans l'agriculture. En revanche, d'autres produits ne profitent pas de la même ambiance favorable. La production nationale d'hydrocarbures ne progresse guère. Le gisement de Lacq, qui avait pourtant alimenté de grands espoirs, se révèle riche en gaz naturel, mais ne livre pratiquement pas de pétrole. À une époque où le « tout pétrole » règne encore en maître absolu, la dépendance énergétique de l'économie française se trouve renforcée par les propres succès d'une économie pour laquelle les besoins énergétiques sont en forte hausse.

Le solde global de l'internationalisation, en termes d'évolution du taux de couverture X/M (exportations/importations), a été dressé par Maurice Parodi. Les conclusions suivantes s'imposent :

– de 1959 à 1962, le taux de couverture est égal ou supérieur à 100 %. C'est là le reflet des effets positifs de court terme de la dévaluation de 1958 ;

– de 1963 à 1966, le taux de couverture baisse très sensiblement et tombe à 84 % en 1964 ;

– de 1966 à 1968, le taux de couverture remonte progressivement tout en restant au-dessous du niveau d'équilibre, à environ 92 %.

C'est dire si l'ouverture progressive à l'internationalisation a été douloureuse pour l'économie française. Les entreprises, habituées à des pratiques commerciales héritées de celles du XIXe siècle, souffrent beaucoup de la vérité des prix et de la confrontation avec la concurrence. Les choix de politiques économiques insistant sur les biens d'équipement, entrent en contradiction avec les débuts de l'ère de la consommation de masse. Les industriels français sont absents d'un certain nombre de créneaux qu'ils doivent laisser aux productions étrangères. La balance commerciale française souffre des nécessaires adaptations à la concurrence internationale.

L'aspect positif de cette difficile adaptation tient au fait que les relations commerciales de la France se diversifient, notamment au sein de l'espace européen. Si l'Allemagne demeure alors le principal partenaire commercial de l'économie française (aussi bien aux exportations qu'aux importations), les parts de l'Italie ou de la Grande-Bretagne augmentent sensiblement.

À tout le moins, cette internationalisation, parfois douloureuse, révèle un changement radical d'orientation par rapport aux années 1950. Guy Mollet constate précocement, par exemple, que l'intégration économique européenne est un moyen d'élargir un marché devenu trop étroit. Dorénavant, c'est la *compétitivité externe* qui commence à être recherchée et plus seulement la cohésion du tissu économique interne. La mutation mentale est suffisamment significative pour être signalée.

Pour parvenir à un tel résultat, il faut que l'économie française dispose d'un outil monétaire fiable et crédible.

IV. LES « PLANS DE REFROIDISSEMENT » ET LA POLITIQUE MONÉTAIRE

Jusqu'au début des années 1950, l'inflation demeure forte. Elle ressurgit ensuite à la fin de la IVe République entre 1956 et 1958 et l'on peut se demander s'il ne s'agit pas là d'un mal spécifiquement français. Entre 1949 et 1966, la France connaît un taux d'inflation supérieur à celui des autres pays développés, avec un taux moyen annuel de 5,2 %, contre 1,7 % pour la même période en Allemagne, 1,8 % aux États-Unis ou 3,4 % en Italie. Seul le Japon connaît, ponctuellement, des poussées inflationnistes plus fortes que la France.

Bien sûr, les événements internationaux jouent pleinement pour expliquer une partie de l'inflation. Globalement, le poids financier des guerres de décolonisation (Indochine, puis Algérie) justifie à lui seul une part du glissement inflationniste. Les nombreux et successifs gouvernements de la IVe République sont logés à la même enseigne de ce point de vue que les gouvernements beaucoup plus stables de la Ve République gaullienne. Il leur faut périodiquement procéder à la mise en place de « plans de refroidissement » qui ont pour mission de calmer les tensions inflationnistes.

1. Le plan Pinay

En 1952, le gouvernement Pinay se constitue. C'est là une nouveauté intéressante depuis la fin de la guerre. D'une part, ce gouvernement exprime une « droitisation » de la vie publique et le retour en grâce d'hommes politiques antérieurement déconsidérés par leur proximité avec le régime de Vichy. D'autre part, Antoine Pinay fait figure de spécialiste du franc et son gouvernement représente un changement d'orientation économique notable. Le retour à l'orthodoxie monétaire est alors à l'ordre du jour.

L'épargne est favorisée par le lancement du fameux « emprunt Pinay » indexé sur l'or. L'emprunt porte sur 4,3 milliards de francs et les sommes investies dans cet emprunt sont exonérées de droits de succession. Le second volet du plan consiste en des mesures de blocage des prix et de contingentements des importations. L'indice des prix baisse effectivement de 8 % en 1952, mais seulement de 2 % en 1953. Cela montre que l'action de Pinay a des effets limités. En revanche, la quasi-stabilité des prix qui se poursuit jusqu'en 1955, doit beaucoup au renversement des prix sur les marchés mondiaux.

Aux yeux du public, la désinflation est attribuée aux mesures prises par le gouvernement Pinay. La balance des opérations courantes devient excédentaire à la fin de 1953 et le reste jusqu'en 1956. Cette stabilisation Pinay a été obtenue par la réduction de la croissance. La conséquence sur le marché du travail est nette. Le taux de chômage redresse alors légèrement la tête. De 50 000 à 60 000 chômeurs sont secourus.

2. Le plan Gaillard

En 1957, le gouvernement Guy Mollet (jusqu'au 12 juin), puis Maurice Bourgès-Maunoury (jusqu'au 30 septembre) doivent faire face aux dépenses de la guerre d'Algérie, comme leurs prédécesseurs depuis 1954. Mais ils souhaitent aussi, dans le même temps, encourager la croissance économique par le biais de l'investissement comme de la consommation. Comment assurer ces deux impératifs économiques sans voir l'inflation atteindre des niveaux insupportables ? Le ministre des Finances de Bourgès-Maunoury, Félix Gaillard, trouve un subterfuge pour ne pas avoir à demander au Fonds monétaire international l'autorisation de dévaluer le franc de plus de 10 %, comme l'y oblige théoriquement le traité d'adhésion au FMI. C'est « l'opération 20 % » qui consiste à verser une prime de 20 % à l'exportation de produits français et à faire peser une taxe de 20 % sur les importations étrangères. Personne n'est dupe pour autant. Il s'agit bien d'une dévaluation camouflée.

Preuve que l'économie française n'arrive pas à calmer ses fièvres inflationnistes, une deuxième « cure Pinay » se révèle indispensable après le retour de De Gaulle aux affaires.

3. Le plan Pinay-Rueff

Le général De Gaulle s'entoure de monétaristes orthodoxes après son retour au pouvoir. Il faut dire que Charles De Gaulle voit dans la force du franc le meilleur des remparts à la puissance américaine. Antoine Pinay devient ministre des Finances. Jacques Rueff, au rôle beaucoup plus discret, mais plus important, coordonne un comité d'experts économiques. La réforme de 1959 est surtout connue pour sa création du nouveau franc dit franc lourd à l'époque : 100 francs « d'avant » deviennent 1 franc « d'après ». Ce plan est surtout marqué par la dévaluation du franc français de 17,5 % par rapport au dollar américain, en décembre 1958. En contrepartie, le franc devient convertible en or à partir du 1er janvier 1959. C'est une politique monétaire de prestige qu'entend mener De Gaulle, dirigée contre le dollar et visant à faire du franc une devise clé. Mais, aux yeux de Jacques Rueff, le plus important tient dans la lutte contre le déficit budgétaire. Des coupes franches sont opérées dans les dépenses publiques, les salaires sont bloqués, à l'exception du SMIG, créé en 1950. Un nouvel emprunt Pinay est lancé, qui reprend les mêmes recettes que celles qui ont assuré le succès de l'emprunt de 1952 (indexation sur l'or et exonération de droits de succession).

Sur le plan de la lutte contre l'inflation, les résultats sont positifs. L'indice des prix, qui avait connu sur l'année 1958 une progression de 15,1 %, ralentit à 6,1 % en 1959 et 3,1 % en 1960. Cependant, à partir de 1962-1963, l'excédent commercial que la France avait retrouvé s'amenuise, les prix augmentent et les salariés revendiquent. La politique économique de De Gaulle est contestée. Il convient de réagir.

4. Les plans Giscard d'Estaing

Le 12 septembre 1963, Valéry Giscard d'Estaing, devenu ministre des Finances, présente un plan destiné à lutter contre les travers coutumiers de l'économie française. Les prix sont bloqués et les salaires de la fonction publique connaissent un fort ralentissement. Le crédit est rendu plus onéreux afin de dégonfler un peu les demandes de consommation. Un emprunt de 2 milliards de francs est lancé. Le déficit budgétaire passe de 7 milliards de francs en 1963 à 4,7 milliards en 1964. Ce n'est qu'en 1965 pourtant que la balance commerciale retrouve son équilibre. Le prix à payer à ce plan de refroidissement est, d'autre part, assez lourd. La croissance tombe à 2 % en 1965. C'est sans doute pour cela que le général De Gaulle se débarrasse de son jeune et ambitieux ministre des Finances en janvier 1966.

Le second plan Giscard s'inscrit dans un contexte international différent. Le général De Gaulle a démissionné en avril 1969. Giscard d'Estaing a retrouvé son poste aux finances au sein du gouvernement Couve de Murville, sous la présidence de Georges Pompidou. Le franc est victime d'une spéculation depuis les événements de mai 1968. La dévaluation du 8 août 1969, pratiquée « à froid » après plus d'une année d'attaque du franc sur le marché des changes, a pour ambition de mieux positionner le franc français par rapport au dollar, sans doute surévalué à cette date. Cette dévaluation de

12,5 % coupe effectivement l'herbe sous le pied de la spéculation. Au plan intérieur, les prix sont à nouveau bloqués, l'émission monétaire est freinée ainsi que la hausse des dépenses publiques. Un contrôle des changes rigoureux est mis en place, qui vient renforcer celui de l'automne 1968.

V. QUELQUES BÉMOLS

Sans nier la réalité de la croissance forte que nous venons de décrire, il est cependant possible d'identifier, dès avant 1969, des germes de faiblesse qui vont se confirmer ultérieurement.

1. Des entreprises nationales encore frileuses

Au début des années 1960, les entreprises de dimension moyenne (PME/PMI) n'ont pas encore intégré dans leur culture les impératifs de l'internationalisation. La quête de marchés extérieurs ne s'impose pas, pour elles, comme une nécessité. 1 500 entreprises à elles seules, souvent les plus concentrées, réalisent alors 90 % des exportations nationales. Sur la période 1955-1969, la société française résout en partie ses problèmes internes d'adéquation de son appareil productif à sa consommation intérieure. Les attitudes face aux exportations évoluent cependant très lentement. Entre 1950 et 1962, la part des exportations dans le produit national ne progresse que légèrement, passant de 10 % à 13 %.

2. La tension inflationniste

Malgré les plans de refroidissement que nous venons d'étudier, l'économie française connaît encore une tentation inflationniste plus grande que ses principaux partenaires commerciaux. Même après la période de stabilisation monétaire de 1958 à 1967, les taux d'inflation moyens français sont supérieurs à ceux que connaissent les autres pays industrialisés. L'inflation fiduciaire n'est pas en cause pour expliquer cette tension. La masse monétaire (M2) n'augmente pas plus vite, au cours de la période, en France qu'en Allemagne. Il n'y a pas eu recours exagéré à la planche à billets. L'explication doit alors être recherchée ailleurs. La raison principale de l'inflation semble être la disparité qui existe entre demande et offre, alors que les capacités de production sont proches de la saturation. Cela matérialise très concrètement les envies de consommation des Français en même temps que cela révèle leur relative difficulté d'accéder aux produits de leurs rêves. Les années 1960 ne constituent pas encore l'ère de la consommation généralisée et extraordinairement différenciée que la société française connaîtra ultérieurement, mais seulement le *seuil* de cette ère.

PARTIE 2

CRISES ET PERSPECTIVES

Chapitre 5

Remises en cause et premières réactions (1969-1983)

À partir de 1967, des signes annonciateurs de rupture de la longue période de prospérité que nous venons de décrire, se multiplient au sein de l'économie française. La France n'est d'ailleurs pas seule dans ce cas. Les États-Unis ou la RFA connaissent aussi des baisses de taux de croissance sur la même période. La crise est déjà à l'ordre du jour, même si elle n'est pas immédiatement perceptible en tant que telle par les contemporains. Le déclin de la puissance américaine se révèle notamment par l'apparition de déficits commerciaux à l'égard de pays dorénavant concurrents : Japon dès 1965, RFA en 1966.

Les conflits sociaux qui secouent les économies occidentales à partir de cette période constituent le meilleur horizon repère du fait qu'une logique de croissance est en cours de démantèlement. Les « événements » de mai-juin 1968 représentent, en France, l'image paroxystique de la rupture d'un consensus économique largement partagé depuis les années 1950. À partir de la fin de 1969, les éléments de crise commencent à être mesurables.

De quelle crise s'agit-il en fait ?

De 1974 à 1980, la France, avec un taux de croissance de l'ordre de 2,9 %, se situe juste derrière le Japon et devant l'Allemagne, les États-Unis et l'Angleterre. Ce n'est qu'au-delà de 1983 que le différentiel de croissance s'inverse au détriment de la France. L'image d'une « crise » violente comme dans les années 1930 est donc particulièrement inadaptée pour décrire cette période. Il s'agit, à véritablement parler, d'une phase de décélération de la croissance exceptionnelle de la période précédente, au cours de laquelle les modes de régulation qui avaient permis l'équilibre keynésien des « Vingt Glorieuses » se révèlent dorénavant peu efficaces. En outre, un certain nombre d'activités traditionnelles de l'économie française sont totalement condamnées dans une atmosphère d'ouverture à la concurrence qui perdure dans cette période 1969-1983.

En définitive, le terme de crise peut être employé pour caractériser cette période, appliqué à deux thèmes majeurs et liés. Il y a une crise de la profitabilité des entreprises, de leur rentabilité, exprimée en termes d'endettement par rapport aux fonds propres, qui se double d'une crise de la productivité. Une baisse de productivité globale s'exprime alors singulièrement en France. L'amont de la crise se situe bien au niveau de la crise de la profitabilité puisque l'investissement et donc la productivité sont effectivement dépendants des profits réalisés par les entreprises.

Croissance de la productivité globale des facteurs (à partir de la valeur ajoutée par unité)

	Ensemble des branches	*Industrie manufacturière*	*Tertiaire marchand*
1973-1979	1,7 %	2,7 %	– 0,1 %
1979-1983	1,3 %	1,1 %	0,4 %

Source : d'après François Caron, *Histoire économique de la France, XIXe-XXe siècle*, Armand-Colin, 1995.

I. LES PROBLÈMES DE FINANCEMENT INTERNATIONAUX : LE DOLLAR DANS LE CYCLONE

Les accords de Bretton Woods de 1944 avaient entériné la toute puissance du dollar comme devise internationale. La livre sterling avait bien essayé, durant quelques années, de retrouver ce rôle, mais avait dû « jeter l'éponge » en 1947. Jusqu'à la fin des années 1960, le dollar assume sans problème le rôle de devise internationale. Au-delà, de fortes turbulences apparaissent dans le fonctionnement du système monétaire international.

1. Le dollar attaqué

La principale raison de l'attaque contre le dollar dès le milieu des années 1960 tient dans l'existence d'un écart grandissant. Les réserves en or détenues par les États-Unis n'ont plus aucune commune mesure avec ce qu'elles étaient en 1945. Elles ont considérablement diminué pour solder les déficits commerciaux du pays. En revanche, les créances en dollars détenues par les pays qui disposent de soldes commerciaux positifs sur les États-Unis ont singulièrement augmenté. Cette perte de crédibilité de la monnaie américaine alimente une spéculation de plus en plus forte en faveur des monnaies de ces États commercialement dynamiques que sont le Japon (yen) et la RFA (mark) au détriment du dollar.

2. La fin du système de Bretton Woods

L'instauration d'un « double marché de l'or » (séparation du marché réservé aux banques centrales et du marché des particuliers), comme la création des « Droits de tirage spéciaux » (DTS), en 1969, constituent des tentatives pour augmenter la création monétaire mondiale d'une manière indépendante du dollar, qui ne parviennent cependant pas encore à s'abstraire du système de Bretton Woods. Ce sont les autorités monétaires des États-Unis qui décident d'en finir avec l'héritage de 1944. En réponse à une politique de hausse des taux d'intérêt pratiquée par les Japonais et les Allemands, le dollar est détaché de l'étalon-or le 15 août 1971. Le dollar est dévalué une première fois de 7,9 % à cette date. Une seconde dévaluation, de 10 % cette fois, suit en février 1973. Les pays européens qui, lors de la dévaluation du dollar de 1971, avaient joué le jeu des Américains en acceptant de réévaluer certaines monnaies (mark notamment) refusent le chantage américain en 1973 et laissent alors flotter les monnaies nationales. L'abandon du système des taux de change fixes représente la manifestation la plus visible de l'abandon du système de Bretton Woods. Qu'est-ce que cela entraîne pour l'économie française ?

La France possède à la fin des années 1960 un stock d'or important. C'est le résultat d'une ambition gaullienne de faire du franc une devise de réserve tout comme le dollar.

Jacques Rueff a su faire partager son approche théorique des phénomènes monétaires au général De Gaulle revenu aux affaires entre 1958 et 1969. La France est, par voie de conséquence, hostile à une solution de démonétisation de l'or, comme le souhaitent alors les États-Unis. Elle veut, au contraire, une réévalution de l'or, qui correspondrait, de fait, à une très forte dévalution du dollar. Le Royaume-Uni et l'Italie sont favorables à la position française. La RFA - parce qu'elle possède dans ses réserves d'importantes quantités de dollars – est hostile à l'idée de voir le dollar dévalué. Derrière le débat monétaire se profilent donc deux difficultés importantes. D'une part, la solidarité européenne dans ce domaine va avoir beaucoup de mal à se créer et à s'exprimer. D'autre part, le prix d'un grand nombre de matières premières – cacao ou coton aussi bien que pétrole – est encore exprimé en dollars à la grande déception des pays producteurs qui voient fondre leurs revenus au même rythme que le dollar se déprécie. Ce sont les producteurs de pétrole qui réagissent les premiers.

II. LES CHOCS PÉTROLIERS ET LEURS RÉPERCUSSIONS SUR LES ENTREPRISES

Les chocs pétroliers de 1973 et de 1979 approfondissent et rendent visible aux yeux du grand public la crise déjà présente. Les causes de la crise sont endogènes à un système de production industrielle et à ses modes de régulation et ne doivent pas grand chose à des causes exogènes. En aucune manière, les producteurs de pétrole, et en particulier l'OPEP, ne sont responsables de la crise. Au contraire, leur réaction est une attitude de défense face à la crise du dollar déjà bien avancée.

1. Les conséquences du choix du « tout pétrole » de l'époque

La fin des années 1960 a vu certains choix s'effectuer au sein des entreprises publiques et privées. Dans un contexte politique où les pays arabes ont subi des revers militaropolitiques évidents – crise de Suez de 1956 et guerre des Six Jours de 1967 –, la stabilité basse des prix du pétrole semble assurée. Les politiques tarifaires des « *Majors* » – les sept plus grandes compagnies pétrolières mondiales – ne font que renforcer cette impression au détriment du pouvoir d'achat des pays producteurs. Les choix de source d'énergie qui sont alors faits en France relèvent tous de l'analyse qui voit les prix du pétrole demeurer bas sur le long terme. La France ne constitue pas un cas isolé. D'autres pays, comme l'Allemagne fédérale ou le Japon, optent alors pour le « tout pétrole ». Les augmentations de consommation énergétique mondiale sont impressionnantes puisqu'elles atteignent 8 % l'an entre 1967 et 1973. Mais le taux de dépendance à l'égard des approvisionnements extérieurs de source d'énergie grimpe dans le même temps à 70 %. C'est dans ce contexte que survient la guerre du Kippour entre Israël et plusieurs pays arabes.

2. Les deux chocs pétroliers et leurs répercussions

En signe de représailles face à la contre-offensive israélienne, le 16 octobre 1973, Cheikh Yamani, ministre saoudien du pétrole, annonce une hausse de 70 % de « *l'arabian light* » ainsi que la réduction de 5 % de la production mensuelle saoudienne. La crise est d'abord une réaction de méfiance par rapport au dollar. Les motivations politiques viennent cimenter le tout. Le ministre du pétrole précise que la restriction de production doit durer « jusqu'à ce que les Israéliens se soient complètement retirés des territoires occupés et que les droits légaux du peuple palestinien aient été restaurés. » Preuve, pourtant, que les attitudes économiques de méfiance à l'égard du dollar l'emportent largement sur une solidarisation avec les adversaires d'Israël, le Venezuela, qui n'est pas véritablement partie prenante dans la guerre de Yom Kippour, augmente, lui aussi, ses tarifs de 76 % et diminue sa production de 5 %. Le 23 décembre 1973, une nouvelle hausse intervient.

Le second choc pétrolier, en 1979, relève de mouvements spéculatifs à un moment où commence la terrible guerre Iran/Irak, deux pays gros producteurs. Mais, à partir du sommet de Strasbourg en mai 1979, les pays européens commencent à consommer le pétrole autrement. La France, en particulier, se replie sur le « tout nucléaire » qui succède au « tout pétrole ».

Les conséquences des deux chocs de 1973 et de 1979 accélèrent l'inflation mondiale. Pour l'économie française, ils viennent rompre les bases de la balance commerciale qui enregistrait encore, avant 1973, des taux de couverture positifs. La part des importations d'énergie dans le total des importations passe de 12 % en 1973 à 19 % en 1978 et 24 % en 1984.

Le renchérissement de la facture énergétique est parfois l'argument qui vient porter le coup de grâce à des secteurs qui étaient déjà en crise avant les chocs pétroliers, parce qu'appartenant à une sphère technique vieillissante. L'industrie, qui avait assuré la majeure partie des gains de valeurs ajoutées de la période faste d'avant 1969, est particulièrement frappée en termes de retombées des deux chocs pétroliers.

III. DES SECTEURS CONDAMNÉS : LA SIDÉRURGIE ET LE TEXTILE

1. La crise précoce de la sidérurgie

Jusqu'en 1965, cette activité repère de la reconstruction est dans une situation paradoxale. Elle représente à la fois un secteur en restructuration qui tente de se redynamiser, sans toutefois y parvenir totalement. Les adaptations successives de ce type d'industrie révèlent bien les hésitations des politiques économiques, coincées entre la concurrence accrue des pays en voie de développement, sur un segment productif qui leur est technologiquement accessible, et la nécessité sociale de maintenir le niveau d'emploi le plus longtemps possible dans ce secteur dont la France pourrait objectivement se passer en termes de division internationale du travail. La quête de compétitivité passe par la constitution de groupes d'envergure internationale qui ouvrent le capitalisme traditionnellement familial du secteur (de Wendel, Schneider). L'Union sidérurgique du nord de la France (Usinor) est apparue en 1948. En 1950, le groupe Pont-à-Mousson a créé l'Union sidérurgique de Lorraine (Sidelor). Au début des années 1960, la Lorraine vit ses heures de gloire et produit plus de 60 % de l'acier français.

L'État est de plus en plus présent dans ce secteur. Trois plans de modernisation se succèdent entre 1947 et 1961. Les exigences de l'État à l'égard de ce secteur portent sur l'amélioration de la qualité des produits et le renforcement de la position concurrentielle de ces produits sur le marché international. C'est là une conséquence directe de la création de la Communauté européenne du charbon et de l'acier (CECA) de 1951. Cette vaste entreprise de modernisation du secteur sidérurgique n'est pas totalement couronnée de succès. Dès 1965, les problèmes s'accumulent. Les sidérurgistes considèrent que le coke leur est facturé trop cher par les Charbonnages de France et demandent la possibilité d'importer du coke américain. La production stagne à partir de 1962 et avec elle les ressources financières des entreprises. L'endettement de l'ensemble des firmes sidérurgiques passe de 30 % du chiffre d'affaires en 1950 à 71 % en 1965. Comme souvent en France, les entrepreneurs privés se tournent alors vers l'État. Le 29 juillet 1966 est signée, entre les sidérurgistes et l'État, une convention générale, qui reprend les grandes lignes du plan proposé par Jacques Ferry, vice-président de la chambre syndicale de la sidérurgie. À cette date, le secteur sidérurgique est devenu totalement dépendant des orientations étatiques, qui ne vont pas tarder à « lâcher » totalement le secteur.

2. La crise du textile/habillement

Parmi les biens de consommation courante, le textile et l'habillement sont devenus particulièrement déficitaires entre 1974 et 1980. L'ouverture à la concurrence internationale constitue pour certaines régions de France spécialisées, comme le Nord ou la Champagne, une véritable calamité et se traduit dès les premières années de la décennie 1970 par des fermetures de sites productifs et des licenciements.

Entre 1972 et 1975, la production de textile baisse de 11 % dans les pays de la CEE. La France n'échappe pas à la règle commune. Dans le même laps de temps, la production augmente de 10 % pour le textile et de 20 % pour les industries d'habillement dans les pays du tiers monde. La Tunisie et l'île Maurice deviennent, dès cette époque, de redoutables concurrents pour l'économie du textile en France, en montant des usines de coton notamment. En 1973, on estime que le coût de la main-d'œuvre des PVD représente à peu près 10 % de celui d'un pays comme la France. En outre, les pays en émergence ne respectent guère l'accord « multifibre » signé dans le cadre du GATT en 1973, qui prévoit des restrictions d'importations de produits textiles venus des PVD. Des pays européens comme l'Italie ou les Pays-Bas jouent alors fréquemment un rôle de réexportation pure et simple.

D'un point de vue strictement économique, il s'agit là simplement du jeu des avantages comparatifs qui sous-tend la division internationale du travail. Cependant, des pertes d'emploi sont la conséquence inéluctable de ces montées de concurrences. En période de plein emploi, les chômeurs d'une sphère technique vieillissante pouvaient trouver à s'employer à nouveau dans d'autres secteurs. À partir du début des années 1970, le jeu des vases communicants n'est plus guère possible. Entre 1971 et 1975, les industries du textile et de l'habillement perdent, dans l'ensemble des six pays de la CEE de l'époque, plus de 400 000 emplois. Entre 1971 et 1980, pratiquement le quart des travailleurs français du secteur sont licenciés. La crise de la répartition du travail est déjà bien là.

IV. LA CRISE DE PROFITABILITÉ DES ENTREPRISES

Là se tiennent sans doute les véritables raisons de la longueur et la profondeur de la crise économique. Le concept de « profitabilité » développé par E. Malinvaud repose sur la comparaison entre la rentabilité financière d'un investissement et le taux d'intérêt à long terme en vigueur ou anticipé.

1. Les raisons

Deux séries de raisons se rejoignent pour venir perturber la profitabilité des entreprises françaises, tout particulièrement les entreprises industrielles.

La première série de raisons tient à l'évolution du partage de la valeur ajoutée générée par les entreprises. Il faut peut-être remonter au contrecoup de la crise sociale de 1968 pour comprendre que ce partage se fait alors favorablement au salariat. Les deux chocs pétroliers viennent limiter encore les disponibilités en capital des entreprises en les obligeant à affecter des sommes croissantes au coût de l'énergie. L'OCDE note alors, qu'en France plus qu'ailleurs, la rigidité des grilles salariales vient pénaliser la rentabilité des entreprises industrielles.

La deuxième série de raisons se situe sur le terrain des investissements productifs. Elle découle des disponibilités réduites en capital que nous venons de décrire. À partir de 1975, les efforts d'investissement des entreprises françaises sont globalement insuffisants.

Dans l'optique de l'entreprise, la liaison profit/investissement se manifeste au moins sur deux plans. La rentabilité, que l'on peut exprimer en termes économiques ou financiers, doit être assurée pour séduire les porteurs de capitaux (actionnaires, prêteurs obligataires ou bancaires). Une rentabilité satisfaisante permet de dégager des ressources d'autofinancement à un niveau suffisant pour ne pas trop fragiliser l'entreprise par un endettement excessif. La théorie financière insiste notamment sur la notion de « structure de financement désirée » dont la quête constitue parfois un blocage à l'investissement. Les perspectives de demande, interne et externe, n'encouragent pas les entreprises, entre 1975 et 1983, à développer leurs capacités.

2. Les évolutions

La situation de l'investissement annuel tend à diminuer sensiblement entre 1974 et 1983. La formation brute de capital fixe (FBCB) tombe ainsi de 461 milliards de francs (valeur 1987) en 1973 à 393 milliards de francs en 1978. La « profitabilité » des entreprises françaises commence à se restaurer à partir de 1983. L'œuvre de désendettement constitue une orientation prioritaire, mais la dégradation n'est pas stoppée en une année.

Selon la comptabilité nationale, le taux de marge des entreprises industrielles tombe de 22,5 % en 1979 à 19,1 % en 1984.

Comment expliquer cette dégradation ? Certains arguments « psychologiques » peuvent être avancés. Que l'on nomme ces phénomènes « état des anticipations » ou « climat des affaires », jusqu'en 1986, l'évolution internationale – et notamment les problèmes de l'endettement – incite plus à une gestion des entreprises au jour le jour (*short termism*) qu'à des investissements productifs forcément inscrits sur le long terme.

Mais des raisons davantage objectives peuvent venir expliquer également ces comportements. La hausse des coûts salariaux, malgré les politiques de « dégraissage », ainsi que la hausse de la fiscalité des entreprises et l'accroissement des cotisations sociales, semblent avoir joué un rôle pénalisant sur la profitabilité des entreprises.

Face à l'acuité des problèmes, face également à un chômage de plus en plus apparent, les politiques économiques françaises ne savent pas, dans un premier temps, choisir entre la thérapie libérale, qui s'impose alors dans d'autres pays, et les classiques mesures de relance par la consommation, de type keynésien.

V. LES POLITIQUES ÉCONOMIQUES

Pourtant, la principale répercussion des chocs pétroliers sur les politiques économiques des grands pays développés est de les convertir précocement à des attitudes de rigueur, c'est-à-dire de lutte contre l'inflation. La France fait figure d'exception dans le lot.

Alors que l'inflation française est passée de 5,3 % en 1969 à 11 % en 1972 et 15,2 % en 1974, les dirigeants de la politique économique française se refusent à considérer la lutte contre elle comme la priorité.

1. Le plan Fourcade

Le ministre de l'Économie du premier ministre Jacques Chirac, sous la présidence de Valéry Giscard d'Estaing, propose le 9 septembre 1975 un plan tout à fait révélateur de cet état d'esprit, qui vient compléter les mesures avancées en février et avril de la même année. La baisse du taux d'escompte de 9,5 % à 8 % a pour ambition de relancer l'immobilier. Elle participe aussi d'une relance générale de la consommation par l'amélioration du système de crédit à la consommation. En matière budgétaire, des lignes de crédit sont ouvertes, notamment un crédit de 13,1 milliards d'équipements publics et industriels, qui constituent les grands pans de la politique budgétaire. Il s'agit bien de « *pump priming* » – « réamorçage de la pompe » – de type keynésien. En outre, la relance par la consommation est plus ouvertement exprimée encore par la politique des revenus du plan Fourcade. Au printemps, avant même le « plan de septembre », les allocations familiales ainsi que les allocations chômage avaient été relevées, pour une dépense supplémentaire de 4 milliards de francs. En septembre, des allocations spéciales aux revenus modestes sont débloquées. Le tout représente encore un montant de 5 milliards de francs.

Sur l'année 1975 au total, les déficits budgétaires grimpent à 2,2 % du PIB et indiquent clairement les choix faits par Jacques Chirac et son gouvernement. Sur un plan strictement conjoncturel, ce plan de relance atteint son but. La reprise se fait sentir à la fin de 1975. Mais la rançon apparaît aussitôt. Les prix s'emballent et la balance commerciale française se dégrade. Le crédit à la consommation ou les allocations diverses ont alimenté des achats de produits étrangers. Cette relance montre ainsi ses limites, dès 1975, surtout lorsqu'elle est menée dans un seul pays. Le succès empoisonné du plan Fourcade entraîne un notable changement d'orientation de la politique économique avec l'arrivée, comme premier ministre et ministre de l'Économie, de Raymond Barre en août 1976.

2. Le plan Barre et ses évolutions

La solution libérale à la crise commence à s'imposer avec celui que Valéry Giscard d'Estaing présente alors aux Français comme « le meilleur économiste de France ». La hausse trop rapide des salaires est dénoncée comme une des causes importantes du malaise français. Il faut donc, selon les propres termes de Raymond Barre, « supprimer les obstacles à une saine concurrence ». Dans le même temps, les politiques de l'argent peu cher et du crédit facile sont combattues. L'essentiel de l'action de Raymond Barre concerne l'équilibre budgétaire (le déficit est réduit à 0,4 % du PIB en 1976, il disparaît en 1978 et 1979), les prix et les salaires. La lutte contre l'inflation est ainsi à l'ordre du jour. Les prix industriels et des services sont sévèrement encadrés jusqu'au 1er janvier 1977. Surtout, Raymond Barre inaugure une politique salariale que l'on allait retrouver ultérieurement mise en application par les socialistes, après leur conversion de 1983. Il s'agit d'opérer un début de ***désindexation***, de manière à ce que les salaires ne progressent pas aussi rapidement que l'inflation. Dans le secteur public et parapublic, cette rupture d'indexation automatique est plus facile à réaliser – par le non-renouvellement automatique des clauses de garanties de croissance des accords salariaux de 1969 – que dans le secteur privé, pour lequel Raymond Barre ne peut procéder que par incitation. En 1977 et 1978, la progression des salaires est, en tout cas, moins rapide que les années précédentes. Le troisième grand pan de la politique de Raymond Barre tient dans la recherche de la compétitivité extérieure.

Très logiquement, le taux d'escompte remonte de 9,5 % à 10,5 %, afin de rendre le crédit moins facile. Les dépenses publiques connaissent un coup de frein de l'ordre de 13 %.

La voie est sans doute la bonne d'un point de vue strictement économique. Mais le président Giscard d'Estaing a alors d'autres préoccupations en tête. Il faut absolument que sa majorité composite remporte les élections législatives de 1978. À cette fin, la politique économique rigoureuse de Raymond Barre se voit contrainte à un « entre-deux » marqué par la continuation des objectifs affichés, et la mise en place de mesures plus proches d'une relance classique

(« plan de soutien » de 1977). Un problème identique se retrouve à l'approche des élections présidentielles de 1981. Giscard d'Estaing, qui souhaite être réélu, contraint son premier ministre à effectuer des exercices de corde raide entre rigueur et relance (« plan de soutien » de 1979).

Le jugement que l'on peut porter sur le bilan des politiques économiques françaises entre 1970 et 1981 est assez partagé.

Un premier succès est remporté sur le front de l'inflation. De 11,3 % en 1975, celle-ci redescend à 8,7 % en 1978. Mais elle demeure cependant très supérieure aux inflations que connaissent les principaux partenaires et rivaux de la France. De 1975 à 1978, le différentiel avec les pays industrialisés de l'OCDE s'est élevé à plus de 3 points. À l'égard de l'Allemagne, et sur la même période, le différentiel d'inflation frôle les 6 %.

L'autre dérive de la période tient dans la forte augmentation des prélèvements obligatoires, ceci en contradiction avec les promesses électorales faites. Afin de financer les mesures des différents plans que nous venons de voir, la part des impôts dans le PIB est passée de 22 % à 24 % entre 1974 et 1980 ; dans le même temps, celle des cotisations sociales, de 15 à 18 %.

Outre une première diminution du taux d'inflation, un autre succès est à prendre en considération. En même temps que le déficit budgétaire, l'endettement public est réduit, ce dont les socialistes arrivant au pouvoir en mai 1981 n'auront qu'à se féliciter.

Le principal échec de la période tient pourtant dans la progression spectaculaire du chômage. Le cap du million de chômeurs est atteint en 1977. En 1980, le million et demi est dépassé. En 1982, les deux millions de chômeurs sont atteints. Et cela, bien que le gouvernement ait annoncé en 1977 les premières séries de mesures d'aide de création d'emplois. Un échec social se profile.

VI. L'INSTALLATION DE LA STAGFLATION

Jusqu'au retournement de 1983, inflation et ralentissement de la croissance ont progressé au même rythme, entraînant dans leur sillage les chiffres du chômage dans une hausse très rapide. Cette conjonction d'inflation et de stagnation a été désigné par le terme de « stagflation ».

1. L'inflation : un mal français ?

Si l'inflation a, partout dans le monde, des causes variées – inflation monétaire, inflation par la demande ou par les coûts – la France affiche pourtant une spécificité.

Sur la période, la France lutte moins bien contre l'inflation que les autres États développés.

	1972	*1973*	*1974*	*1975*	*1976*	*1977*	*1978*
États-Unis	3,2 %	6,2 %	11,0 %	9,1 %	5,8 %	6,5 %	9,0 %
Japon	4,9 %	11,6 %	23,2 %	11,8 %	9,3 %	8,1 %	3,9 %
Allemagne	5,5 %	6,9 %	6,9 %	6,0 %	4,5 %	3,9 %	2,4 %
Royaume-Uni	6,8 %	8,3 %	16,1 %	24,2 %	16,5 %	15,9 %	8,5 %
France	**5,9 %**	**7,3 %**	**13,6 %**	**11,7 %**	**9,6 %**	**9,8 %**	**9,8 %**
OCDE	3,9 %	7,9 %	13,4 %	11,2 %	8,9 %	9,0 %	6,5 %

Source : d'après OCDE.

Davantage encore que les niveaux d'inflation, ce qui est particulièrement visible sur ce tableau, est la moindre baisse du taux d'inflation, une fois passée l'année 1976. Un effort moindre a été réalisé en France, ce qui est à rapprocher des politiques conjoncturelles menées dans ces années qui, par l'emploi de mesures de soutien de la consommation, entretiennent un niveau élevé d'inflation.

Si l'inflation a été plus forte et plus enracinée en France qu'ailleurs, c'est surtout par la montée de l'endettement des particuliers et des entreprises. Les politiques d'argent bon marché ont alimenté une demande forte sur certains produits. L'inflation devient alors hypertrophie du crédit. Mais, en fin de circuit économique, chaque crédit est porté par un débiteur. Entre 1965 et 1975, le crédit aux particuliers a progressé de 30 % l'an en moyenne. L'essentiel de cette progression a été représenté par des ouvertures de crédits immobiliers. C'est l'époque où chaque ménage français veut être propriétaire de son logement principal et accepte de s'endetter, parfois lourdement pour les revenus modestes, afin d'y parvenir. D'ailleurs le recensement de 1982 rend compte de cette évolution. Pour la première fois de l'histoire nationale, 52 % des Français sont propriétaires de leur résidence principale.

Une autre cause de la spécificité française dans le registre de l'inflation tient à des fonctionnements sociaux particuliers. Des relations du travail plus dures que dans les pays anglo-saxons marqués par un syndicalisme participatif de la vie de l'entreprise, des réactions corporatives qui accroissent les inégalités sociales, contraignent les groupes sociaux à l'agressivité. Le partage des fruits de la croissance se fait souvent par rattrapage, sous la contrainte d'événements graves qui fonctionnent comme révélateurs d'une crise couvant depuis plusieurs décennies souvent. Le pouvoir étatique est pris systématiquement à témoin dans ces négociations résultant de relations du travail « en accordéon ». Cela a été le cas lors des accords de Matignon, en 1936, à la suite des grèves sur le tas de mai-juin, en grande partie alimentées par la longue stagnation des salaires français. C'est le cas également lors des accords de Grenelle consécutifs à la crise de mai-juin 1968.

Mais la spécificité essentielle de l'inflation française tient sûrement à l'existence d'un mode de régulation depuis la fin de la Seconde Guerre mondiale, sur le développement duquel nous avons insisté dans les chapitres précédents. Ce mode de régulation, largement basé sur le principe de redistribution, s'appuie également sur le postulat sacro-saint de l'orientation permanente des salaires à la hausse. Certains ont compris précocement les dangers d'une telle orientation en période de récession. Mais, lorsque le premier ministre, Jacques Chaban-Delmas, sous l'influence de son conseiller économique Jacques Delors, tente dans sa courte expérience de « Nouvelle Société », entre 1969 et 1972, de casser cette évolution pernicieuse des salaires, il se heurte à de telles réactions corporatives, s'alignant les unes sur les autres à la hausse, qu'il est contraint de renoncer.

Le caractère totalement archaïque du système fiscal français qui minore considérablement les impôts sur le revenu, mais qui fait la part belle aux impôts indirects – style TVA – est, en lui-même, inflationniste. En effet, la fiscalité indirecte, incluse dans le prix du produit, incite à la hausse.

Cette inflation française est tout à fait pénalisante en termes monétaires. La hausse des prix supérieure en France à ce qu'elle est dans les principaux pays qui sont des partenaires commerciaux en même temps que des rivaux contraint le franc français à une dépréciation constante si l'on veut préserver les capacités nationales d'exportation. À deux reprises – en 1974-1975 puis en 1976-1979 –, la monnaie nationale a été contrainte de sortir du serpent monétaire européen avant la création du système monétaire européen (SME) en 1979.

L'inflation se révèle également totalement pénalisante en termes d'épargne. Pourquoi placer ses économies sur des produits financiers qui, de toute manière, auront un rendement inférieur à la hausse des prix ?

Ces multiples inconvénients montrent combien la lutte contre l'inflation va s'imposer comme une nécessité après 1983.

2. La stagnation

Alors qu'entre 1960 et 1970, la progression en volume du PIB français était en moyenne de 5,6 % par an, elle tombe à 5,4 % sur l'année 1973 et surtout à 2,8 % par an sur la période 1974-1978. Ce n'est certes pas une spécificité française sur la période. Seuls des pays de l'OCDE, le Japon, avec 3,6 % de progression de PIB sur la période 1974-1978, et les États-Unis (2,5 %), s'en sortent mieux.

La réduction de la production est à l'ordre du jour. Une nuance de taille s'impose pourtant à qui serait tenté de comparer la grande dépression des années 1930 et la crise des années 1970. L'ampleur des deux phénomènes n'a rien à voir. Entre 1929 et 1933, les reculs de production sont considérables et atteignent 30 à 40 %. En 1933, le commerce mondial est réduit de deux tiers par rapport à 1929. Rien de tel dans les années 1970. La chute de production française couvre deux brèves périodes qui durent, chacune, quelques mois seulement (1974-1975, puis 1982-1983).

Le paradoxe apparent de cette récession est que, même dans les périodes de ralentissement de la croissance, la consommation ne fait que ralentir, sans s'interrompre brutalement, comme elle l'avait fait durant la crise des années 1930. La croissance de la consommation des ménages se ralentit en passant de 5 % de l'an durant les « Vingt Glorieuses » à environ 2 % par an à partir de 1975. Cela est rendu possible par les salaires indirects et de redistribution, ainsi que par les hausses d'allocations diverses distribuées par les plans évoqués précédemment pour lutter contre la récession.

À la veille des élections présidentielles de 1981, le bilan des politiques économiques peut être dressé de la manière suivante. Pour les tenants de la politique barriste, l'inflation commence à être maîtrisée, le déficit extérieur a été réduit, mais la baisse des salaires n'a pas été suffisante pour briser totalement le cycle inflationniste et pour restaurer la situation financière des entreprises, rendue précaire par des coûts salariaux trop élevés. Aux yeux de Raymond Barre, cette politique doit être poursuivie. La lutte contre le chômage passe inéluctablement par la baisse des revendications salariales, qui peut, seule, restaurer la compétitivité extérieure et créer des emplois.

Aux yeux de la gauche française, la politique barriste a échoué. L'inflation n'a pas été brisée et la hausse des exportations ne saurait remplacer l'importance du *marché intérieur*. Une approche keynésienne classique de relance par la consommation intérieure se dessine dans les rangs de ceux qui deviennent la majorité parlementaire en juin 1981.

VII. « CHANGER LA VIE »

Au nom de cette approche keynésienne, le chômage et sa diminution sont au cœur de la pensée socialiste qui veut, pour reprendre les slogans de la campagne électorale, « changer la vie ». Le prix à payer est l'acceptation d'un niveau d'inflation non négligeable par la demande qui ne va pas manquer d'apparaître. L'autre postulat quelque peu gênant est de vouloir programmer une relance en France alors que nos grands partenaires commerciaux connaissent plutôt une phase de récession marquée par de sévères luttes contre l'inflation. Ce choix atypique, à contre-courant, révèle une approche d'économie quasiment fermée un peu dépassée.

1. Des recettes classiques

L'accroissement des dépenses publiques et une politique d'emploi spectaculaire caractérisent essentiellement la « relance Mauroy » de 1981. Le SMIC connaît une revalorisation impressionnante, destinée à relancer la consommation des ménages à revenus modestes (+ 38 % de juin 1981 à mars 1983). Les dépenses publiques connaissent un grand bond de 21,5 % pour la seule année 1981, et de 16,5 % en 1982. Les déficits s'accroissent, bien entendu, très rapidement. Le solde négatif de la loi de finances fait plus que doubler entre 1980 et 1981 (de 1,2 % du PIB à 2,6 %).

2. Les résultats

Sur le plan social, les résultats sont assez remarquables. Dans l'emploi public, 240 000 emplois sont créés. Le chômage régresse spectaculairement :

- 139 000 en 1981,
- 367 000 en 1982,
- 643 000 en 1983.

Les effets contracycliques de court terme sont donc tout à fait positifs. La détérioration de l'évolution conjoncturelle est enrayée. La consommation des ménages a progressé fortement sur l'année 1981 et encore sur 1982. Mais des nuances doivent être aussitôt apportées.

Il a fallu financer toutes ces dépenses étatiques. L'inflation augmente de 0,7 % sur l'année 1981, de 2,2 % en 1982 et de 1,5 % en 1983. Plus encore, il a fallu augmenter les prélèvements obligatoires. Sur deux ans, ces prélèvements passent de 41,7 % du PIB à 43,6 %. Or, la réforme fiscale prévue dans le programme électoral se fait encore attendre aujourd'hui.

Autre « bémol », les Français qui ont vu leur pouvoir d'achat progresser se sont rués sur les magnétoscopes japonais et autres produits d'importation. Le déséquilibre de la balance commerciale compromet gravement les suites de la relance (23 milliards de francs en 1982).

Enfin, et surtout, l'environnement international n'est absolument pas favorable à cette relance isolée. La forte inflation française contraint le franc à de multiples réajustements monétaires au sein du système monétaire européen. En octobre 1981, le franc connaît un décrochage de l'ordre de 8,5 % par rapport au mark. En juin 1982, le décrochage par rapport à la monnaie allemande est de l'ordre de 10,75 %. Le troisième réajustement monétaire (21 mars 1983) fait baisser la valeur du franc par rapport au Deutsche Mark de 8 %. Au total, la dépréciation du franc par rapport au mark (au vrai, répartie entre baisse de la part du franc dans le « panier » européen et hausse de la part du mark) atteint 27,25 % en l'espace de deux ans. La situation devient intolérable à l'égard de notre principal partenaire commercial. Une autre politique s'impose qui vient marquer la fin des procédés keynésiens de relance par la consommation.

Chapitre 6

Une crise ou des crises ? (1983-1997)

Le taux de croissance des biens et services entre 1973 et 1988 tourne autour de la moyenne annuelle de 2,3 %. Il s'agit là d'un chiffre modeste mais qui montre cependant que la crise est surtout une décélération de la croissance. La répartition devient l'enjeu principal de rapports de forces entre les acteurs économiques et sociaux. Jusqu'en 1983, les entreprises françaises continuent d'acheter la paix sociale en assurant des augmentations de salaire. C'est à ce titre que, comme nous l'avons vu au chapitre précédent, leur modernisation et la rémunération de leur capital se trouvent relativement pénalisées. Entre 1973 et 1981 les salaires ont continué à augmenter, parallèlement aux prix à la consommation. Les profits bruts, pour leur part, augmentent moins vite que les salaires et les prix à la consommation. À partir de 1983, ces règles de répartition se révèlent inadaptées.

On assiste alors à un changement radical. Dorénavant, les salaires progressent moins vite que le PIB. Ce retournement donne la possibilité aux entreprises de redresser leurs profits.

Pourtant, la deuxième grande dimension de la version française de la crise est ailleurs. Jusqu'en 1973-1974, la croissance a été suffisamment forte pour permettre d'intégrer par le travail l'ensemble de la population active ou presque. La perte de profitabilité des entreprises a introduit la notion d'un marché du travail de plus en plus sélectif. Alors que le mode de régulation fordiste de la croissance forte avait permis de réduire les inégalités sociales en donnant un emploi à chacun, la décélération de la croissance initie une crise de répartition du travail sans précédent.

C'est pourquoi nous préférons nous situer, dans ce chapitre, *en aval des explications théoriques* des multiples dimensions de la crise. Ce qui importe véritablement n'est pas, à nos yeux, la manière dont on peut expliquer cette crise fondamentale de répartition du travail, mais bien de comprendre comment les acteurs de l'économie et les responsables des politiques économiques ont réagi par rapport à cette situation nouvelle.

I. LA CONVERSION DES SOCIALISTES AUX RÉFLEXES MONÉTARISTES

1. De nouveaux instruments de politique économique

La rupture avec les pratiques de politique économique qui prévalent entre mai 1981 et mars 1983 est déjà en germe à partir de juin 1982. À cette date les prix et les salaires sont bloqués. Mais, rapidement, le gouvernement socialiste va plus loin. En mars 1983, une panoplie complète de lutte contre l'inflation apparaît. La pression sur la consommation s'effectue à travers des mesures fiscales. Une contribution de 1 % est prélevée sur les revenus des personnes imposables, un emprunt obligatoire de 10 % du montant du revenu est lancé.

Dans le même temps, les administrations réduisent leurs dépenses de 17 milliards de francs. Les aides publiques aux entreprises nationalisées sont fortement diminuées d'un montant de 7 milliards de francs.

L'essentiel de la conversion des socialistes tient pourtant dans des mesures d'incitation à l'épargne et dans le contrôle des changes. Dorénavant la priorité absolue devient la défense du franc. Pour cela, Pierre Bérégovoy, devenu ministre de l'Économie, lance une réforme en profondeur du marché des capitaux. Jusqu'alors, le marché financier français était caractérisé par son étroitesse et son cloisonnement. Les Français manquaient alors peut-être d'habitudes culturelles des placements financiers et restaient très attachés à des produits liquides traditionnels, tels les livrets de la Caisse d'épargne. En outre, la réglementation est alors très contraignante, séparant radicalement le marché monétaire – spécialisé dans le financement de court terme – et le marché financier, apte à financer le long terme. Le rapport Dautresme, qui date de 1982, identifie bien un certain nombre de problèmes de fonctionnement des modalités de financement de l'économie française et préconise une réorientation de l'épargne vers le long terme.

Même si le mouvement a été initié à partir de 1978 par la « loi Monory » qui défiscalise une part des revenus financiers, c'est surtout après 1983 que le marché financier voit son paysage français se modifier considérablement. Les produits se multiplient. En outre, dorénavant, ils peuvent être souscrits par tous les agents économiques et plus uniquement par certains agents spécialisés. Les Organismes de placements collectifs en valeurs mobilières (OPCVM) peuvent acheter des parts de fonds communs de placements (FCP) et de Sociétés d'investissement à capital variable (SICAV) qui jouent un rôle important dans le redéploiement financier de l'époque.

Quel est l'esprit de la réforme financière ainsi lancée ? Trois points peuvent être dégagés. Il s'agit d'abord de *libéraliser les marchés des capitaux.* Dans cette optique, la réforme s'incrit dans une longue série de rapports et de réformes, depuis celle de 1971 à la réforme bancaire de 1984. Il s'agit ensuite de *créer un grand marché unifié* des capitaux allant du court au long terme. En troisième lieu, il s'agit d'opérer une *désintermédiation* du marché des capitaux à court et moyen terme, jusque-là totalement intermédié en France.

Cette attitude revient à doter les institutions financières françaises des mêmes facilités et des mêmes capacités que leurs homologues occidentales.

2. Le poids de la contrainte extérieure

Mais si la politique économique des socialistes français change aussi radicalement, c'est que leur réflexion a considérablement évolué. La recherche keynésienne du plein emploi s'estompe dorénavant devant une autre priorité. Le choix d'une politique de défense du franc s'impose à la suite d'un constat simple. La France, quatrième puissance économique mondiale, ne peut se permettre d'opérer une relance de manière isolée. Dès lors, il faut accepter comme priorité absolue la *lutte contre l'inflation* à laquelle les autres grandes puissances économiques mondiales se sont ralliées dès la fin des années 1970. De la désinflation doit surgir une monnaie forte, gage des grands équilibres économiques.

C'est à cette tâche que s'attaquent Laurent Fabius et son ministre de l'Économie, Pierre Bérégovoy, à partir de septembre 1984. La recherche de l'équilibre budgétaire est le complément indispensable de cette politique de rigueur. Elle tranche avec les pratiques habituelles de la gauche française. Convertis à l'économie de marché, les socialistes n'hésitent plus à parler de rétablissement du profit des entreprises, de compétitivité et de modernisation. L'emploi n'est plus au centre de la réflexion économique. Ils reprennent totalement à leur compte la politique de désindexation des salaires par rapport aux prix qui avait été inaugurée par Raymond Barre. La modernisation du tissu économique français devient le véritable enjeu de la politique économique, au prix, accepté par les pouvoirs publics, d'une forte poussée de chômage. À partir de mars 1983, le chômage fait l'objet d'un traitement social, afin de le rendre le moins insupportable possible, mais cesse de faire véritablement l'objet d'un traitement économique.

II. LES RÉSULTATS

1. Au niveau de l'économie interne

Le résultat le plus spectaculaire de la conversion de la gauche gouvernementale à l'économie de marché se constate sur le front de la désinflation qui est à la fois rapide et vive.

En 1981, le dérapage inflationniste annuel était de l'ordre de 13 %. Les mesures de relance des premiers gouvernements de Pierre Mauroy le firent culminer à près de 15 %. Mais à partir de mars 1983, la courbe s'inverse nettement. L'inflation baisse de 9 % (1983) à 4,7 % (1985) puis à 3,6 % (1986).

Si les mesures prises par Pierre Bérégovoy jouent pour beaucoup dans la désinflation, la conjoncture mondiale s'en mêle également. La baisse des prix de gros des matières premières, au niveau mondial, permet une baisse de prix des produits industrialisés. La baisse du dollar, à partir de 1985, vient encore renforcer cet effet.

Les baisses les plus importantes sont enregistrées sur le marché du pétrole. Le baril voit son prix baisser en moyenne de 15 % sur l'année 1985. Sur le seul premier trimestre de 1986, la chute atteint 45 %. La crise de l'énergie est bien terminée, d'autant plus que les approvisionnements ont été diversifiés et que l'électricité d'origine nucléaire représente désormais la part majeure dans le bilan énergétique français.

Mais la conversion de 1983 a d'autres mérites sur le plan de la croissance du capital des entreprises françaises. En développant la désindexation, les socialistes ont redonné le goût de l'investissement productif aux chefs d'entreprises. Cette reprise d'investissement est très forte dans les services et dans le secteur de l'automobile. Les premiers connaissent une hausse des investissements d'environ 14,5 % entre 1985 et 1987. L'automobile connaît, sur la même période, un taux d'investissement supérieur à 14 %. Rappelons qu'entre 1973 et 1979, dans le même secteur de l'automobile, les taux d'investissement tournaient autour de 5,5 %.

La profitabilité des entreprises se redresse à partir de 1983. Elle est sensible entre 1984 et 1986, mais c'est surtout après cette date que le redressement de l'investissement devient visible. Dorénavant, les entreprises françaises développent également une stratégie de croissance externe et acquièrent d'autres sociétés par le biais du marché financier. Elles s'intéressent également à l'étranger. On assiste alors à un développement rapide de l'investissement direct des entreprises françaises à l'extérieur. Il est vrai qu'en France cet investissement avait pris du retard par rapport à l'étranger. Il est possible cependant de penser que cette recherche d'insertion dans la nouvelle division internationale du travail peut avoir détourné des ressources de l'investissement national. Les firmes changent également leur politique de distribution de leurs dividendes qui contribue au développement des augmentations de capital.

Socialement, cependant, cette évolution n'est pas totalement favorable puisqu'elle s'accompagne d'une substitution capital/travail qui alimente des licenciements et la hausse du chômage, par voie de conséquence.

2. Au niveau des performances françaises à l'exportation

Si, sur le plan intérieur, les résultats de la conversion de 1983 sont avantageux, les effets en sont beaucoup plus nuancés en ce qui concerne les performances françaises sur les marchés extérieurs.

Le commerce extérieur français met du temps à se reconstituer, d'autant plus que le différentiel d'inflation avec nos partenaires ne s'inverse véritablement qu'à partir du début de l'année 1984.

Balance des paiements courants (en milliards de francs)

1981	*1982*	*1983*	*1984*	*1985*
– 25,8	– 79,3	– 35,7	– 6,6	+ 3

Source : d'après Maurice Parodi, *L'Économie et la Société françaises au second* XX*e siècle*, Armand Colin, 1994.

Avant les chocs pétroliers, la balance commerciale excédentaire de la France s'appuyait surtout sur les performances de l'industrie automobile et sur les biens de consommation courante. Ces derniers deviennent déficitaires entre 1974 et 1980.

Des points forts apparaissent cependant au début des années 1980. Les industries agroalimentaires et en particulier les secteurs des viandes et des produits laitiers enregistrent de bonnes performances, ainsi que les produits de verrerie et ceux de l'industrie chimique. L'aéronautique et l'armement, les secteurs pharmaceutiques, réalisent également de bons résultats.

La fragilité des performances françaises à l'exportation, entre 1983 et 1986, se mesure cependant bien lors du contrechoc pétrolier de 1986. Le secteur de la construction mécanique, qui connaissait alors des performances honorables à l'exportation, s'effondre rapidement. Les pays concurrents ont intégré la baisse des coûts des matières premières énergétiques mieux que les entreprises françaises.

La spécialisation de la France, qui exporte beaucoup vers les pays en voie de développement (en particulier vers les producteurs de pétrole), se retourne contre elle à partir de la baisse des cours de 1986. Ces fragilités ont des conséquences durables qui ne vont s'estomper qu'à partir du début des années 1990.

III. EMBELLIES ET FLUCTUATIONS DEPUIS 1986

Les résultats économiques des gouvernements socialistes successifs ne sont pas jugés satisfaisants par les Français qui, aux législatives de mars 1986, votent pour une majorité de droite. La cohabitation a des répercussions sur la lutte contre la crise.

1. Les privatisations

Jacques Chirac redevient Premier ministre. Il affiche sa priorité de lutte contre le chômage mais ne revient pas pour autant à des pratiques de relance de la consommation. La lutte contre l'inflation demeure au cœur de sa politique économique. Une nouvelle ligne d'action s'exprime cependant, à forte coloration libérale. Il faut « libérer les entreprises » du poids étatique. Le pari ainsi avancé est celui que préconisent les économistes de l'offre. Pour eux, les réglementations étatiques sont pénalisantes pour l'économie française. Le dynamisme spontané des chefs d'entreprises est, à leurs yeux, toujours supérieur à celui de l'État patron. Il convient donc de désengager l'État de la vie économique. Il faut aussi que la fiscalité des entreprises soit allégée de manière à leur donner l'envie et la possibilité d'investir et d'embaucher.

Ainsi, alors qu'il existe un point d'accord évident sur la politique monétaire, le retour des libéraux au pouvoir est marqué par une opposition de vue en ce qui concerne la présence de l'État dans l'économie. Cette opposition se marque particulièrement bien lors de la campagne de dénationalisation que mène le gouvernement Chirac, sous la responsabilité d'Édouard Balladur, ministre de l'Économie, des Finances et de la Privatisation.

Treize entreprises françaises de dimension internationale sont ainsi dénationalisées entre le 26 septembre 1986 (Elf) et le 29 juin 1987 (TF1). La capitalisation des treize firmes privatisées représentait, à la date de leur offre publique de vente (OPV), un montant de 82,25 milliards de francs. Outre la valeur du capital, il est possible d'avancer la somme de 120 milliards de francs pour rendre compte de la valeur globale des entreprises dénationalisées.

Les privatisations portent aussi bien sur le domaine *industriel* (Elf ou Saint-Gobain) que sur le domaine *bancaire* (Paribas, le Crédit commercial de France ou la Société générale) ou celui de la *communication* (Havas ou TF1).

En outre, des réformes de structure viennent modifier profondément le paysage économique français sans que l'on puisse parler véritablement de privatisations. Ainsi les caisses du Crédit agricole sont-elles mutualisées en janvier 1988.

Au total, ce sont plus de 500 000 salariés qui passent du secteur public au privé par le biais des privatisations.

Dans le domaine bancaire en particulier, les dénationalisations ont incontestablement une fonction d'alignement sur l'étranger, et notamment sur les comportements des autres pays européens, dans la mesure où le secteur n'avait jamais fait l'objet de nationalisations, contrairement à la France (si l'on excepte la nationalisation de la Banque centrale d'Angleterre en 1946).

Ces privatisations jouent dans le sens d'une dynamisation des marchés boursiers et financiers, commencée en 1983 avec le retour de la profitabilité des entreprises.

2. Le retour de la gauche (1988-1993)

À la suite de la réélection de François Mitterrand à la présidence de la République, en 1988, la gauche revenue au pouvoir est quelque peu prisonnière de la ligne choisie par ce dernier lors de sa deuxième campagne électorale, exprimée par le slogan « Ni nationalisation, ni privatisation ». La priorité du nouveau gouvernement socialiste demeure la défense du franc.

La politique budgétaire exprime particulièrement bien ces choix. Il n'est pas question d'accepter des dérapages de déficit. D'une part, parce que l'endettement de l'État s'est accru notablement et d'autre part, parce qu'il faut donner confiance aux épargnants français afin de disposer d'un « matelas » d'épargne nécessaire à l'investissement.

Nommée au poste de Premier ministre le 22 mai 1991, Édith Cresson, première femme à accéder à cette responsabilité en France, lance à l'automne un plan d'action économique, qui prévoit notamment des mesures en faveur des petites et moyennes entreprises. Martine Aubry, en charge du ministère du Travail, agit sur deux fronts. D'une part, elle annonce des mesures d'exonération de charges sociales pour les entreprises qui embaucheraient des jeunes. D'autre part, elle prévoit des mesures de formation pour les jeunes sans qualification. L'existence de cette catégorie demeure un fléau typiquement français. Pierre Bérégovoy remplace Édith Cresson comme Premier ministre. La politique économique de la France ne change pas pour autant. Les chômeurs de longue durée bénéficient de mesures de soutien. Une réflexion sur le statut de l'apprentissage est engagée et aboutit à un plan destiné à le développer. La lutte contre l'inflation obtient toujours d'aussi bons résultats (maintenue à environ 3 % l'an) et le commerce extérieur connaît une sérieuse embellie.

3. L'orientation « libérale » (1993-1997)

Les élections de 1993 amènent une nouvelle période de cohabitation. Les politiques de l'offre s'affirment au cours de cette période, qui connaît en fait deux phases : la fin du mandat présidentiel de François Mitterrand et les débuts de celui de Jacques Chirac.

Le gouvernement de cohabitation d'Édouard Balladur définit une politique libérale orthodoxe. En fait, les aménagements keynésiens sont assez nombreux. Le paradoxe de la période est que les politiques de rigueur, traditionnellement caractéristiques de la droite française, sont menées depuis 1983 par la gauche. Pour sa part, la droite libérale fait glisser les déficits publics de manière importante et relance périodiquement la consommation des ménages pour dégonfler les effets socialement dévastateurs de la montée du chômage, surtout après 1993.

Le 25 mai 1993 est ainsi annoncé un « plan de soutien à l'activité économique et à l'emploi » : 40 milliards sont injectés dans l'économie, en contradiction avec les déclarations sur la politique de rigueur budgétaire. Ils prennent la forme d'aides à l'emploi (accroissement du nombre de contrats emploi-solidarité (CES), contrats d'orientation) et de financement d'équipements publics. La sanction de ces orientations nouvelles est immédiatement perceptible au niveau des déficits budgétaires, alors qu'Édouard Balladur, dans sa déclaration de politique générale du 8 avril 1993 devant les députés, s'était engagé à empêcher des divergences budgétaires importantes par rapport à l'Allemagne, et avait stigmatisé le « piège mortel de la dette ». En 1993, le déficit budgétaire prévu était de l'ordre de 165 milliards de francs. Il fut, dans la réalité, de 317,6 milliards de francs. Le processus a perduré en 1994 et 1995. L'endettement de l'État est passé de 8 % en 1974 à 25 % en 1989 et, surtout, à 32 % en 1994. Ce n'est qu'à partir de 1996 qu'une politique volontariste de restriction des déficits publics est mise sur pied.

IV. LES RÉSULTATS DES POLITIQUES ÉCONOMIQUES

La désinflation a continué sur toute la période, en partie expliquée par la baisse du coût du travail. Mais la montée du chômage continue de manière irrésistible.

1. Les fluctuations de court terme

À partir de 1990 le seuil de 3 % d'inflation est atteint et, au-delà de cette date, le taux d'inflation tombe en dessous de ce seuil psychologique. La surveillance étroite des salaires de la fonction publique, la maîtrise de l'évolution des taux de change, les contraintes du système de convergence au sein du

SME, ont donc joué à plein. Par voie de conséquence, le franc français connaît une remarquable stabilité, ne nécessitant aucun réaménagement au sein du panier monétaire européen par rapport au mark entre 1986 et 1991.

En termes de rythmes économiques, il est possible de tabler sur une embellie en 1988-1989. À partir de 1990, la récession se confirme, pas uniquement pour la France d'ailleurs. Les pays de l'OCDE voient leur PNB progresser de 1,1 % après 1991, alors que le rythme de progression avait été de 2,6 % en 1990 et de 3,3 % en 1989. La récession se poursuit jusqu'à la fin de l'année 1993. Les dépenses sociales sont alors orientées à la hausse. Il faut limiter les effets sociaux de la récession et pour cela donner naissance à de nouvelles dépenses publiques (RMI, par exemple, annoncé dès le 18 mai 1988 ou « plan pour l'emploi » en septembre 1988).

Sur l'année 1993, c'est une baisse de croissance de 1 % qui est enregistrée.

2. La « stagdéflation »

Ce néologisme a été récemment avancé par François Caron pour caractériser la situation économique française à partir du milieu des années 1990. Il est vrai que l'inflation a eu les reins brisés et qu'elle ne semble pas prête à se relever malgré les incitations périodiques de certains – syndicalistes ou hommes politiques – préconisant une vigoureuse relance par la consommation par des hausses substantielles, voire totalement irréalistes, des salaires. Certains sont allés jusqu'à proposer le SMIC à 10 000 francs ! Il a fallu trop de temps pour se débarrasser du « mal français » qu'était l'inflation pour remettre en question le bien-fondé d'une politique de stricte surveillance de la masse monétaire.

Pour autant, on ne mesure pas encore de véritable reprise économique comparable à ce que l'on connaissait avant les années 1970. Mais il faut avoir le courage de poser la question. L'économie française n'est-elle pas, tout simplement, entrée dans une *autre phase de croissance*, beaucoup plus *normale* sur le plan historique, que celle de la période 1950-1970 ?

À partir de 1994, la croissance repart doucement à des rythmes compris entre 2 et 2,5 %. C'est beaucoup si l'on réfléchit par rapport à un long terme historique. La croissance française des XIXe et XXe siècles se serait largement contentée de tels taux, même pendant la pseudo-« révolution industrielle ». C'est peu, pourtant, par rapport à la croissance très forte de la période 1950-1970, qui avoisinait souvent les 6 % annuels. L'essentiel est de constater que les décideurs économiques et politiques, comme le Français moyen, se sont accoutumés – à tort – à réfléchir en fonction de cette période, tout à fait exceptionnelle et atypique.

Des résultats encourageants sont enregistrés depuis le milieu des années 1990. En 1996, par exemple, le secteur industriel a connu une croissance de ses investissements de 9 % en valeur et de 7 % en volume. Cependant, une donnée ne cesse d'inquiéter. Une croissance de 2 ou 2,5 % par an ne suffit plus à assurer une régression spectaculaire du chômage, au contraire. La crise multiforme que connaît la France quitte alors le champ économique et prend un visage social. C'est une crise de répartition du travail au niveau d'une classe d'âge.

V. Le chômage : conséquence du succès économique et spécificités françaises

1. La mesure du phénomène

Dès le début des années 1980, le chômage progresse plus rapidement en France que dans les autres pays développés à économie de marché.

Taux de chômage (ratio chômeurs/population active)

	1983	*1984*	*1985*
France	8,3 %	9,7 %	10,5 %
Royaume-Uni	13,1 %	13,2 %	12,2 %
Italie	9,8 %	10,2 %	10,8 %
RFA	8,0 %	8,5 %	8,2 %

Source : d'après chiffres OCDE.

Le chômage poursuit ensuite sa croissance. À la fin de l'année 1990, il touche 8,9 % de la population active. En février 1992, à la veille des élections régionales et cantonales, il atteint 9,9 %.

En 1993, la progression est encore plus spectaculaire. Sur le seul mois d'avril, 45 600 demandeurs d'emploi sont rejetés du système productif. Le nombre total des chômeurs atteint alors 3 112 000. Une légère régression s'instaure, mais sans rompre la logique du chômage. En mars 1996, selon l'enquête emploi de l'INSEE, le nombre de chômeurs français est de 3 098 000, si l'on applique la définition du Bureau international du travail (BIT). En revanche, 4 156 000 Français sont inscrits à l'ANPE, à la même date. En février 1997, le taux de chômage national atteint 12,7 % de la population active. De plus, il convient de prendre en considération ce que certains économistes appellent le « halo de chômage ». Le niveau véritable du chômage est, en effet, partiellement dissimulé par des mesures de traitement social, comme les CES ou les chômeurs dispensés de recherche.

La spécificité morbide du chômage français tient dans le fait qu'il concerne les jeunes plus qu'ailleurs. Le taux de chômage chez les moins de 25 ans est, en 1995, de 23 % en France, alors qu'en Allemagne, il dépasse à peine 5 %. Au début de l'année 1997, 620 000 jeunes français sont au chômage.

À l'autre extrémité de la pyramide des âges, le chômage de longue durée s'allonge et touche des cohortes de plus en plus jeunes. Si, dans les années 1985, il était quasiment impossible de retrouver un travail à durée indéterminée après 55 ans, aujourd'hui, cette barre fatidique est tombée à environ 45 ans. Cette montée catastrophique du chômage peut être interprétée de plusieurs manières.

Paradoxalement, elle est le signe d'une bonne santé des entreprises françaises. Ces dernières ont, depuis 1983, restauré leur capacité de financement et d'investissement. Elles sont devenues de plus en plus productives. Les substitutions capital/travail ont continué de s'opérer. Dorénavant, l'économie française n'a plus les mêmes besoins en capital variable (main-d'œuvre) qu'auparavant. D'autant plus que la mondialisation et les délocalisations ont joué leur rôle. Les producteurs français sont en situation de concurrence avec des pays en émergence. Le coût de la main-d'œuvre ne doit plus être comparé seulement au sein de l'Union européenne ou de l'OCDE, mais véritablement au niveau mondial. Cette recherche de l'abaissement des coûts de production, si elle profite au consommateur, pénalise la création d'emplois au niveau national.

2. Des causes profondes

Plusieurs causes sont avancées pour expliquer cette persistance française du chômage, notamment celui des jeunes. L'historien est peut-être mieux armé que les représentants des autres sciences de l'homme pour expliquer certains phénomènes de long terme.

D'une part, les politiques ont perverti le système scolaire et universitaire français, en lui faisant porter une part de responsabilité du processus. La fascination française pour les métiers intellectuels, le mépris attesté de longue date des professions manuelles, et cela depuis le XVIIIe siècle (contrairement à l'Angleterre qui, à la même époque, ouvre des écoles professionnelles), poussent les jeunes Français vers des voies théoriques générales ne pouvant fournir du travail qu'à un nombre limité d'étudiants. Or on a orienté la plus grande partie des élèves vers des études abstraites, réputées « nobles ». Les dérives démagogiques de certains ministres de l'Éducation ont fait le reste. Il est vrai qu'il est moins coûteux pour l'État de faire fonctionner des sections générales, dans lesquelles on se contente d'une craie et d'un tableau, que des sections technologiques fortement utilisatrices de matériels sophistiqués.

La ruée actuelle sur les universités au détriment des voies technologiques courtes est un bon révélateur de ces évolutions. Cette orientation vers des études théoriques ne posait pas de problème dans une période de marché du travail dynamique. Dans les années 1960, quelle que soit sa formation, un diplômé arrivait à trouver un emploi dans des secteurs parfois très éloignés de ses études initiales. Ce n'est plus possible aujourd'hui en raison de la massification des diplômes, la raréfaction des postes de travail et donc les montées de concurrence entre travailleurs potentiels. La massification des diplômes a, d'autre part, tué la crédibilité de certains d'entre eux.

Le patronat industriel français porte également une part de responsabilité dans la situation actuelle. Contrairement à son homologue allemand, il a refusé de financer des écoles pratiques dans les années 1880, préférant voir l'État payer le système d'apprentissage. Aujourd'hui, il est facile aux chefs d'entreprises de tirer à boulets rouges sur le système éducatif en affirmant qu'il est trop loin des réalités économiques et qu'il forme des chômeurs. Il semble pourtant avéré que le système de recrutement des entreprises de l'avenir passera inévitablement par une formation intégrée et spécifique, ne serait-ce que pour adapter le travailleur à une culture d'entreprise face à la montée des diplômes généralistes.

Le système relationnel des classes d'âge en France est peut-être plus en cause que dans d'autres pays. La jeunesse – concept au demeurant fort vague – est peut-être, plus qu'ailleurs, pensée en termes de concurrence par les cohortes d'âge plus avancé. La longue tradition malthusienne de la France pourrait venir conforter cet argument qui n'est pas sans contradiction, dans la mesure où la France est aussi le pays de « l'enfant-roi ».

Ces comportements spécifiques à l'égard du chômage des jeunes nécessitent, de toute manière, une urgente mise à plat sociale et culturelle, si la société française ne veut pas se retrouver confrontée à un grave « risque d'inutilité » que peuvent ressentir des tranches d'âge de plus en plus nombreuses face au processus du travail.

Chapitre 7

Bilans et perspectives pour l'économie française

I. LES GRANDES COMPOSANTES DE L'ÉCONOMIE FRANÇAISE EN 1997

1. La désindustrialisation

Le vieillissement des activités industrielles traditionnelles est inéluctable puisqu'il s'inscrit dans une division internationale du travail incontournable. Les emplois détruits par la désindustrialisation sont partiellement compensés par la création d'emplois dans le secteur tertiaire. Ce processus relève de ce que J. Schumpeter a nommé la « destruction créatrice ». Dans cette logique, il est vrai que la part de l'industrie dans l'économie française a fortement décru depuis deux décennies, surtout si l'on se place sur le terrain de l'emploi (– 22 % en deux décennies).

En 1991, l'emploi industriel en France représentait *29,5 % de la population active et l'industrie participait pour 28,7 % à la composition du PIB.* La régression de l'emploi industriel par rapport à 1974 est de l'ordre de 10 points. Sur la même période, l'emploi industriel perd 7,5 points en Allemagne, 7,2 points aux États-Unis et 2,6 points au Japon. Seule la Grande-Bretagne, entre 1974 et 1991, connaît un processus de désindustrialisation plus rapide et plus poussé que celui de la France, avec une perte d'emploi industriel de 14,2 points.

La régression de la participation de l'industrie à la composition du PIB est de 9 points entre 1974 et 1991, en France. En Allemagne, selon les mêmes critères, l'industrie régresse de 7,5 points, aux États-Unis, de 4,3 points, au Japon, de 2,9 points. Enfin, en Grande-Bretagne, la régression est de 6,9 points.

Ces réorganisations révèlent bien les gains sélectifs que la productivité a réalisés d'un pays à l'autre. Jusqu'au début de 1990, la productivité industrielle française a plutôt moins progressé qu'ailleurs. En effet, la structure de la main-d'œuvre française a tendance alors à être moins favorable que dans les autres pays industrialisés comparables. Les ajustements sont en train de se faire aujourd'hui, dans la douleur. En effet, pendant les décennies 1950-1970, l'embauche a essentiellement concerné des travailleurs, et surtout des travailleuses, extrêmement peu qualifiés, à une époque où le capital variable était peu coûteux. Aujourd'hui encore, il subsiste de cette période des séquelles visibles. Les femmes – jusqu'à présent globalement moins diplômées que les hommes – forment encore, en 1994, 20 % de la population ouvrière. 36 % de cette même population ouvrière est composée d'ouvriers spécialisés qui, contrairement à ce que leur nom suggère, n'ont pas de qualification. Cette situation est terrible, sur un plan social, car ces deux catégories sont prioritairement touchées par les licenciements qui sont une réponse aux recherches de productivité.

Si le recul du poids de l'industrie française est incontestable, il convient cependant de le nuancer.

La spécificité française tient surtout dans l'espèce d'incapacité institutionnelle à créer des entreprises de dimension internationale. En 1994, la firme Elf se situe au premier rang des entreprises industrielles françaises. Son chiffre d'affaires est de l'ordre de 200,5 milliards de francs. C'est beaucoup par rapport au tissu industriel français composé essentiellement de PMI. C'est assez peu, pourtant, si l'on rapporte ce chiffre d'affaires aux résultats européens et plus encore mondiaux. Elf n'apparaît pas dans les dix premières firmes industrielles européennes. L'ENI italienne qui occupe, toujours en 1994, la dixième place européenne, se situe nettement au-dessus du chiffre d'affaires d'Elf (214 milliards de francs). La première firme industrielle européenne est également une entreprise de l'industrie pétrolière (Royal-Dutch-Shell). Cependant, son chiffre d'affaires n'a pas grand chose à voir avec celui de la première firme française, puisqu'il s'élève alors à 524 milliards de francs. « *Small is beautiful* » disaient volontiers les économistes des années 1970. La France industrielle a du mal à dépasser ce concept. C'est sur le terrain social que les enjeux de l'industrie française s'expriment le mieux. Les trois-quarts de l'emploi industriel dépendent de plus de deux millions d'entreprises de l'industrie et du commerce.

2. La tertiarisation

Le repli du secteur industriel est, en partie, compensé par la croissance du secteur tertiaire. Ce secteur représentait 54 % du PIB en 1973, et 67 % en 1990. Sur la même période, le secteur a créé 3,5 millions d'emplois.

Le secteur a été défini par la négative. Un peu à l'image du Tiers État de l'Ancien Régime qui regroupait tous ceux qui ne pouvaient être rassemblés dans la noblesse ou le clergé, le secteur tertiaire est fondamentalement hétérogène. Quel est le point commun, sociologique ou économique, entre une caissière de supermarché et un chirurgien ? Tous deux appartiennent pourtant au tertiaire. Mais ni leurs revenus (avec un écart de l'ordre de 1 pour 20) ni leurs pratiques culturelles et sociales ne sont comparables.

Les activités marchandes s'adressent aussi bien aux particuliers qu'aux entreprises, c'est là également un caractère qui rend complexe l'approche du secteur tertiaire.

Transports et communication ont été les secteurs de pointe à l'intérieur du tertiaire et ont de bonnes chances de le demeurer dans les années à venir. Le secteur de la téléphonie, en particulier, progresse très rapidement. En 1985 encore, il n'y avait en France que 41 lignes pour 100 habitants. En 1991, leur nombre est passé à 51 lignes pour 100 habitants. La téléphonie mobile et portable opère une entrée fracassante sur le marché, induite aussi par des phénomènes de snobisme et de mode. Les spécialistes estiment, à la fin de 1996, que le marché potentiel des portables en France est de l'ordre de 25 millions d'appareils.

La guerre tarifaire que se livrent les opérateurs, qui savent l'arrivée de la concurrence européenne imminente (1998), joue en faveur du consommateur. La qualité des produits ne cesse d'augmenter avec le passage à la technologie du numérique aussi bien pour la commutation que pour la transmission.

Les transports français connaissent quelques beaux succès. La décision de construire des TGV remonte à 1974. Le premier tronçon fut inauguré en septembre 1981 entre Paris et Marseille. Le premier TGV Sud-Est s'est révélé un grand succès technologique et commercial. Entre 1980 et 1989, par la présence concurrentielle du TGV, le trafic aérien entre Paris et Lyon a subi une baisse de 42 %. Entre 1989 et 1992, le trafic TGV a augmenté de 65 %. Cet équipement pose cependant problème lorsqu'on évoque les choix de la direction de la SNCF autour du « tout TGV » qui, d'une part, vient endetter lourdement l'entreprise et, d'autre part, oblige à sacrifier les missions de service public sur d'autres secteurs du réseau.

Dans un autre segment de l'économie française, les performances du commerce de détail sont très bonnes. Le « grand commerce », concernant les hypermarchés (plus de 2 500 m²) et les supermarchés (entre 400 et 2 500 m²), réalise aujourd'hui près de la moitié du chiffre d'affaires du commerce de détail. Le processus de concentration ne va pas sans poser problème : 80 000 emplois ont disparu entre 1982 et 1990 dans le petit commerce et le processus continue. La perte de vitalité des centres-villes doit être impérieusement arrêtée, sous peine de voir ces espaces géographiques réduits à des CBD (*central business districts*) anglo-américains.

En termes d'effectifs employés, les plus fortes croissances du secteur tertiaire ont été enregistrées dans les services aux entreprises, davantage que dans celui des services aux particuliers. La progression des entreprises de travaux informatiques a été exceptionnelle, avec plus de 60 % entre 1986 et 1990. Elle se poursuit aujourd'hui encore.

Les entreprises de travail intérimaire sont celles qui ont progressé le plus spectaculairement sur le début des années 1990. Leur progression a été supérieure à 100 %.

Dans la tertiarisation à destination des particuliers, ce sont les services d'hôtellerie et de restauration rapide qui ont le plus fortement progressé (+ 16 % entre 1986 et 1990). Le débat, typiquement français, pour savoir si les emplois créés dans le secteur sont des « petits boulots » ou pas ne se serait pas posé à l'étranger où tout emploi créé est bon à comptabiliser.

Les problèmes théoriques qui se posent au secteur tertiaire sont multiples. Les gains de productivité réalisés dans certains secteurs sont déjà tout à fait conséquents. Par exemple, la profession bancaire a considérablement évolué. Nous ne sommes qu'au début de la révolution télématique qui va permettre une explosion des métiers à domicile. La recherche de productivité dans les secteurs de la fonction publique constitue un chantier économique important, en même temps qu'un enjeu social de taille. L'apparition de nouveaux métiers du tertiaire suffira-t-elle à contrebalancer les réductions d'effectifs induits par les gains de productivité du secteur ?

3. Les agricultures françaises

En vingt ans, de 1970 à 1990, l'agriculture française a perdu la moitié de ses effectifs (6,4 % de la population active en 1990, pour 13,3 % en 1970). Si ces pertes de population active sont aussi spectaculaires, c'est tout simplement parce que les gains de productivité ont été tout à fait spectaculaires dans le secteur (à raison d'environ 5 % l'an !).

La production de produits végétaux a fortement progressé depuis les années 1980 (près de 40 %) alors que celle des produits animaux connaissait, dans le même temps, une hausse de 5 % seulement. La France demeure aujourd'hui la principale puissance agricole de l'Union européenne, puisqu'elle fournit près du quart de la production agricole de l'Union à elle seule.

Les revenus agricoles progressent fortement jusqu'en 1973 (près de 10 % l'an), puis diminuent jusqu'en 1981. Depuis, ils se relèvent doucement, avec des fluctuations assez sensibles (régression en 1992 et 1993, forte progression, de l'ordre de 10 %, en 1995-1996).

En fait, ces performances d'ensemble dissimulent l'existence de secteurs agricoles qui n'ont plus grand chose à voir entre eux.

Les céréaliers du Nord-Est et de la Beauce sont dorénavant des « chefs d'entreprises agricoles » aux gros revenus et aux comportements sociologiques de chefs d'entreprises industrielles. En outre, ils bénéficient des aides communautaires qui subsistent d'un temps où l'Europe était limitée à six pays et où il fallait relever le niveau de vie des céréaliculteurs et betteraviers. Dans ces régions privilégiées (Champagne sèche, plateaux du Soissonnais, Beauce), les agriculteurs font souvent partie du « club des cent quintaux » à l'hectare.

À l'autre extrémité de la pyramide agricole française, les producteurs de viande bovine, les petits agriculteurs d'un grand Sud-Ouest, sont condamnés à survivre et à revendiquer.

L'ensemble de la profession doit se restructurer. Les instances représentatives sont verrouillées par les grands exploitants de l'agriculture industrielle du nord de la Loire au détriment des petits agriculteurs herbagers en difficulté.

Dans tous les cas de figure, la profession n'est plus indépendante. La part que prennent les subventions nationales ou européennes dans les revenus des agriculteurs est de plus en plus importante. La profession est, en partie, portée à bout de bras par le contribuable français, ce qui peut sembler parfaitement légitime pour la petite agriculture familiale en difficulté et parfaitement scandaleux pour la grande agriculture industrielle qui demeure, malgré des fluctuations de revenus, tout à fait privilégiée.

II. LA MONDIALISATION : CHANCE OU CATASTROPHE ?

La question est polémique. L'économie française a-t-elle plus à perdre qu'à gagner de cette mondialisation ? A-t-elle, d'ailleurs, le choix d'y échapper ou non ? Sauf à revenir à un protectionnisme digne du XIXe siècle, il semble difficile aujourd'hui à une économie nationale d'échapper au phénomène de la mondialisation. Encore convient-il d'essayer de demeurer maître du plus grand nombre possible de paramètres.

1. Les effets positifs : la stratégie industrielle

La mondialisation a, objectivement, des effets positifs sur l'outil industriel national. Elle permet de mobiliser l'ensemble des avantages comparatifs du pays et de conforter la position française sur des créneaux de productions où la capacité nationale est reconnue.

Pour cela, deux conditions doivent être réunies. Il faut que le poste R&D (Recherche et développement) des entreprises françaises continue d'augmenter. Il avait pris un sérieux retard au cours des années 1980, notamment par rapport à des pays comme le Japon ou les États-Unis.

En outre, la technologie des secteurs sur lesquels la position française est reconnue au niveau mondial, doit être la meilleure possible, ce qui nécessite des efforts d'investissements productifs.

Le resserrement des coûts de production, commencé avec la politique de modération des salaires, une recherche de circuits commerciaux peut-être plus courts, doivent aboutir à de bons résultats au niveau de l'économie mondiale.

Comme, d'autre part, une hausse tendancielle des salaires s'observe déjà dans les « pays ateliers » du Sud-Est asiatique – marquée notamment par le fait que les ouviers sud-coréens ne tolèrent plus les conditions de travail moyen-âgeuses qui étaient jusqu'à présent les leurs –, le différentiel de coût de production devrait avoir tendance à s'atténuer dans les décennies à venir, entre les pays à haut niveau de vie et ceux en émergence. Restera l'énorme problème chinois. L'immensité du marché fait rêver plus d'un industriel français. Mais, si un jour la Chine s'éveille à la consommation de masse sur la base d'un niveau de consommation comparable à celui des pays occidentaux riches, la planète Terre devra compter ses jours, tant la pollution engendrée par les rejets de la consommation chinoise serait alors considérable.

En termes de création d'emplois, la mondialisation signifie aussi l'interpénétration de plus en plus massive des capitalismes nationaux. Il est de plus en plus difficile de parler d'emplois créés par les entreprises françaises. Il faut maintenant parler d'emplois créés en France. En 1995, l'investissement étranger en France a porté sur 264 projets, pour un montant global d'environ 60 milliards de francs. Près de 20 000 emplois étaient concernés par ces projets. Les pays investisseurs en France étaient au nombre de 24, même si les États-Unis arrivaient largement en tête avec 50 projets d'investissement.

En d'autres termes, la mondialisation est la répétition à l'échelle de la planète des phénomènes de concurrence auxquels les entreprises sont habituées sur le marché national. Le marché ne va pas à la recherche de l'entreprise. C'est à l'entreprise de faire connaître et imposer son produit. Si la recherche d'une situation de monopole mondial peut être un réflexe classique de la part d'une multinationale, c'est également la situation la plus fragile qui soit, l'existence de marchés rentables attirant des concurrents. La réduction des coûts, l'accentuation des efforts de recherche, la diversification constituent alors les remèdes aux montées de concurrence. En situation non monopolistique, la solution économique à la concurrence mondiale consiste le plus souvent à miser sur la qualité et sur des marchés porteurs, c'est-à-dire jeunes. Mais tout marché porteur vieillit et la mondialisation va contraindre les entreprises à davantage d'adaptabilité, de changements de gammes ou de produits.

À tous ces titres, la mondialisation des échanges et de la production doit être perçue comme une chance pour la France.

2. Les effets pervers : la stratégie financière

La mondialisation peut aussi exprimer des effets pervers difficilement contrôlables par l'économie française. Par le biais de structures de plus en plus complexes et de moins en moins productives de biens réels, le capitalisme mondial évolue vers la recherche du profit à court terme qui est la négation même de la notion d'investissement. En jouant sur des structures de holdings-écrans, en se localisant dans les nombreux paradis fiscaux qui existent de par le monde, le nouveau capitalisme mondial, auquel l'économie française n'échappe pas, peut apparaître comme un moyen, pour quelques financiers, de faire un argent considérable et facile au détriment de la réalité sociale du plus grand nombre.

Par le biais de la mondialisation émerge donc de plus en plus un « capitalisme de spéculation » de court terme, dangereux pour les entreprises. Les gains qu'il est possible d'espérer par des placements financiers sont tellement attractifs qu'il est tentant, pour un certain nombre de dirigeants d'entreprise, peu soucieux du bien social, de détourner une part des sommes prévues pour l'investissement, vers la sphère financière. La fascination pour le « temps réel » ne doit pas faire oublier que, par delà leurs divergences théoriques, tous les économistes sont d'accord sur un point. La finalité de leur science s'exprime en termes de recherche du bonheur humain. La quête du profit financier de court terme ne saurait constituer une fin en soi dans des sociétés équilibrées.

Du point de vue de l'analyse économique, la mondialisation peut avoir des effets destructeurs sur la profitabilité des entreprises. Dorénavant, les niveaux de profitabilité doivent être comparés non plus seulement dans le cadre de l'économie nationale, mais rapportés à l'ensemble des entreprises du même créneau au niveau mondial. L'adaptation de la profitabilité se fait forcément par le bas dans des économies ouvertes ou le libre-échange demeure la règle. Cette adaptation par le bas favorise les industries des pays en émergence au détriment des pays à coûts salariaux élevés.

III. LA FRANCE DU DYNAMISME

Il ne faut pas focaliser les performances économiques françaises sur un certain nombre de fermetures de sites productifs qui, par ailleurs, révèlent plutôt le dynamisme de certaines productions qu'elles ne le condamnent.

« Soixante millions de Poulidors » crie, à qui veut l'entendre, le chanteur Kent, très en vogue auprès des jeunes. C'est perpétuer là une image vieillie et misérabiliste d'une France autoflagellante, incapable de gagner et qui arrive toujours en seconde position. La « France qui gagne » existe aussi. Il convient d'identifier certains atouts ou avantages de l'économie nationale pour les années à venir.

1. Un dynamisme industriel certain

À la fin de l'année 1995 et au premier trimestre de 1996, 811 projets industriels étaient en cours de réalisation, représentant 101 milliards d'investissement et 33 521 emplois créés.

Des secteurs privilégiés viennent caractériser cette France de l'industrie qui gagne. Les spécialistes du monde des entreprises parlent de « quatuor sectoriel » privilégié pour rendre compte des secteurs qui drainent le plus fortement l'investissement industriel actuellement.

Au premier d'entre eux, on trouve le secteur *chimie-pharmacie-énergie*. Il regroupe, en 1996, 145 projets industriels pour 24,2 % des sommes investies dans ces projets et pour 8,4 % seulement des emplois. Le rapprochement des deux pourcentages permet de vérifier le niveau de qualification nécessaire dans ces secteurs et suggère les gains de productivités réalisés.

Les secteurs des *matériels électriques et électroniques* constituent un second pôle privilégié de l'industrie française de l'avenir. 102 projets étaient en cours de réalisation en 1996, représentant 21,1 % des sommes investies dans l'industrie et débouchant sur 20,5 % des emplois créés. La SGS-Thomson demeure un des grands constructeurs mondiaux du secteur. L'explosion de la téléphonie mobile est, à elle seule, porteuse de développements. Les composants électroniques, de plus en plus utilisés, s'annoncent comme les éléments déterminants de la croissance internationale à venir. Pour l'an 2000 – demain –, le marché des composants est estimé à 200 milliards de dollars par an. La croissance de production s'affiche avec des rythmes effrénés de l'ordre de 10 % par an.

Le secteur de *l'automobile* demeure un point fort de l'économie française, qui a connu des restructurations très importantes. Il demeure un domaine d'avenir avec 110 projets en cours de réalisation en 1996, 14 % des sommes investies et 17,4 % des emplois créés. Pourtant, ce n'est pas tant les grands constructeurs eux-mêmes qui ont le vent en poupe, face à des concurrences de plus en plus vives, mais surtout les équipementiers, beaucoup plus internationalisés. Les composants d'automobiles, coussins gonflables, systèmes de freinage et bientôt navigation embarquée par GPS, domaines dans lesquels les Français, et plus globalement les Européens, sont en retard, devraient connaître un coup de fouet.

Le quatrième secteur privilégié de l'industrie française peut se révéler un des plus intéressants pour résorber la crise sociale de redistribution du travail. Il s'agit du secteur *logistique-distribution.* Il se situe seulement au neuvième rang national par le nombre des projets en cours de réalisation en 1996. En revanche, il représente 27,2 % des emplois envisagés. Cependant, une part de ces emplois est hypothétique. Par exemple, 75 % des emplois attendus dépendent de la firme SAEM-Europort, promotrice du futur aéroport de Vatry, près de Châlons-en-Champagne, censé désengorger les aéroports parisiens, mais dont l'installation suscite des réactions mitigées en Champagne-Ardenne.

2. La géographie industrielle actuelle : le changement dans la continuité

L'Alsace est incontestablement une région « en nouveau devenir », après avoir connu il y a quelques années une crise industrielle liée au déclin du textile national. L'ouverture des marchés s'exprime bien en Alsace. La sous-traitance automobile et l'électronique se développent dans cette région avec des capitaux japonais ou américains. Mais les PME allemandes reviennent également avec des projets de taille moyenne. La région exporte 40 % de sa production, dont une part importante en Allemagne. La croissance alsacienne est en train de redécouvrir que l'économie ignore les frontières politiques, mais est, en revanche, très sensible aux notions de bassins d'emplois et de capitaux, ainsi qu'aux implantations favorables géographiquement, par proximité des grands axes européens de communication. Avec un taux de chômage de seulement 6,7 % en 1995, l'Alsace est sur la bonne voie. Il est vrai également que la part des dépenses consacrées par le conseil régional à l'action économique est supérieur en Alsace (13,2 % en 1995) à ce qu'il est dans la moyenne française (10,9 %).

D'anciennes régions industrielles tirent assez bien leur épingle du jeu depuis le milieu des années 1990. C'est le cas de la Lorraine ou du Nord-Pas-de-Calais.

La Lorraine, considérablement frappée dans son tissu industriel dans les années 1970 et 1980, connaît des reconversions favorables dans certains domaines, ramenant le taux de chômage régional en 1995 à un seuil inférieur au taux national (11 %). Le relatif renouveau lorrain est dû en grande partie à des implantations de capital étranger, telle l'usine General Motors de Sarreguemines. De la même façon que l'Alsace, la Lorraine bénéficie incontestablement de sa position géographique favorable pour desservir l'ensemble de l'Europe de l'Ouest.

Le Nord-Pas-de-Calais est marqué par des modernisations importantes qui viennent rénover la première région industrielle française. L'automobile, la métallurgie et l'agroalimentaire entraînent toujours la croissance régionale. Géographiquement, les nouvelles implantations sont situées sur le littoral, en bordure de l'agglomération lilloise et de l'ex-bassin minier. Le classement du sud de la région en « zone d'objectif numéro 1 » par la Communauté européenne, ne porte pas encore véritablement ses fruits. En 1995, le taux de chômage régional était supérieur à la moyenne nationale (15 %), même s'il avait sensiblement régressé par rapport à 1994 (15,4 %).

L'Ile-de-France conforte son poids dans cette géographie de la France industriellement dynamique. L'investissement étranger (IBM ou Motorola) participe de ce dynamisme. Les États-Unis, par exemple, intensifient leur implantation. En 1995, 3 709 entreprises industrielles ont été créées dans la région francilienne, représentant 28,4 % des créations industrielles françaises, pour l'année.

La région Provence-Alpes-Côte d'Azur (PACA) connaît surtout une progression sensible. Le taux de chômage régresse lentement (15,4 % en 1994, 13,5 % en 1995). Chimie et microélectronique constituent la charpente de la croissance régionale.

Les résultats sont donc loin d'être négligeables et justifient amplement l'image positive de l'économie française, notamment à l'exportation. Des grandes composantes de cette croissance renouvelée se dégagent aisément de ces exemples. L'internationalisation des investissements est particulièrement mesurable. Elle constitue incontestablement la dimension essentielle de la croissance du XXIe siècle.

L'autre composante notable vient confirmer que, même lorsqu'il existe des créations d'emplois dans des secteurs dynamiques, elles ne sont jamais quantitativement importantes au point de faire diminuer de manière spectaculaire le niveau de chômage.

La gestion sociale du chômage demeure au cœur de la future croissance française qui ne pourra pas, de toute manière, retrouver les niveaux atteints, par conjonction d'éléments non reproductibles, dans la période 1950-1970.

Dans tous les cas de figure, le passage du salariat à plein temps à l'entreprenariat délocalisé au niveau mondial est de plus en plus à l'ordre du jour.

Conclusion

En 1945, l'économie française est marquée par l'archaïsme de ses structures, que la Seconde Guerre mondiale a aggravé de manière catastrophique. À l'horizon de l'an 2000, cette même économie se distingue par ses excellentes performances à l'exportation, ce qui constitue une rupture fondamentale et remarquable par rapport à ses comportements de long terme. Que de chemin parcouru en cinquante ans ! Bien des interrogations subsistent et continueront d'exister dans un environnement économique de plus en plus marqué par la rapidité des réactions. Elle concerne aussi bien une approche théorique des phénomènes économiques que la gestion de la crise de la répartition du travail par les responsables politiques et les acteurs sociaux. Ni les recettes libérales qui étaient préconisées au début des années 1980, ni les solutions keynésiennes, n'ont permis de retrouver la croissance forte. Toutes les politiques économiques hésitent entre ces deux conceptions qui atténuent la rigueur des mesures.

L'intégration de l'économie européenne, le passage à la monnaie unique seront-ils des facteurs valorisants pour l'économie française ? Dans un monde développé qui n'a plus connu les affres de la guerre depuis deux générations pour la première fois de son histoire, on peut se demander si les rivalités économiques n'ont pas remplacé l'acte guerrier. Il est certain, à tout le moins, que la capacité d'adaptabilité des Français et de leur économie a fortement progressé sur les dernières décennies, augurant ainsi de capacités de réactions renouvelées. Laissons le mot de l'espoir à John Maynard Keynes qui écrivait, dans la *Théorie Générale*, en 1936, « Les jouissances de demain sont absolument indispensables pour fournir une raison d'être à l'austérité d'aujourd'hui. »

Bibliographie

ARNOULD, D. (1995), *Le Marché des capitaux en France*, Paris, Armand Colin.

BEITONE, A., PARODI., M., SIMLER, B. (1994), *L'Économie et la Société françaises au second XXe siècle*, Paris, Armand Colin.

BEZBAKH, P. (1988), *Inflation et Désinflation*, Paris, La Découverte.

BICHOT, J. (1992), *Économie de la protection sociale*, Paris, Armand Colin.

BORNE, D. (1993), *Histoire de la société française depuis 1945*, Paris, Collection « Cursus », Armand Colin.

CABANNES, M. (1994), *La Politique macroéconomique*, Paris, Collection « Cursus », Armand Colin.

CHASSARD, Y., CONCIALDI, P. (1989), *Les Revenus en France*, Paris, La Découverte.

CARON, F. (1995), *Histoire économique de la France, XIXe-XXe siècle*, Paris, Armand Colin.

COCHET, F., HENRY, G.-M., VOISIN., M. (1991), *Histoire et Économies des sociétés contemporaines*, tome 2, *Expansions, ruptures et développement*, Paris, Bréal.

ECK, J.-F. (4e édition, 1994), *Histoire de l'économie française depuis 1945*, Paris, Armand Colin.

FOURASTIÉ, J. (1980), *Les Trente Glorieuses*, « Pluriel », Livre de Poche, 2e édition.

GAMBIER, D., VERNIÈRES, M. (1988), *L'Emploi en France*, Paris, La Découverte.

KUISEL, R. (1984), *Le Capitalisme et l'État en France, modernisation et dirigisme au XXe siècle*, Paris, Gallimard.

OLSEM, P.-J. (1991), *Économie industrielle*, Paris, Collection « Cursus », Armand Colin.

RIOUX, J.P. (1980), *La France de la IVe République, 1. L'ardeur et la nécessité*, 1944-1952, Le Seuil.

SIRINELLI, J.-F. (s.d.), VANDENBUSSCHE, R., VAVASSEUR-DESPERRIERS, J. (1993), *La France de 1914 à nos jours*, Paris, PUF.

THOMAS, J.-P. (1994), *Les Politiques économiques au XXe siècle*, Paris, Collection « Cursus », Armand Colin.

THORIS, G. (1993), *La Répartition des revenus*, Paris, Collection « Cursus », Armand Colin.

Index

agriculture : 17, 52, 53, 115
appareil productif : 13, 18

balance commerciale : 69, 72, 82, 87
biens intermédiaires : 59

capital : 53, 59, 60, 100, 112
charbon : 16
chômage : 45, 56, 70, 84, 89, 93, 94, 99, 101, 105, 108
commerce : 13, 21
commissariat au plan : 40
compétitivité : 34, 93
consommation : 18, 45, 54, 57, 60, 61, 62, 64, 66, 71, 74, 86, 93, 101
contrainte extérieure : 92
crédit : 51, 72
croissance : 57, 58, 60, 61, 62, 71, 77, 91, 96, 107, 123

déficit : 21, 47, 48, 50, 71, 77, 79, 94, 105
déflation : 22
désindustrialisation : 111
désintermédiation : 98
DTS : 79

emplois : 96, 98, 114
entreprises nationalisées : 38
exportations : 21, 40, 48, 68, 73, 93, 101

FMI : 47, 71

importations : 21, 40, 68, 82, 95
industrie : 17, 41, 52, 58, 59, 60, 61
inflation : 20, 22, 23, 47, 51, 69, 71, 72, 82, 86, 89, 91, 98, 102
infrastructure : 9, 15
internationalisation : 67, 68, 69, 73
investissement : 18, 51, 58, 59, 71, 78, 85, 100

main d'œuvre : 14, 24, 25, 52, 59, 108
marché : 67
masse monétaire : 20, 21
ménages : 62, 64
mondialisation : 109, 116, 118

nationalisations : 29, 30, 33, 36, 38, 39, 51

pétrole : 58, 80
plan Marshall : 48, 49, 50, 51, 67
planification : 33, 36, 40, 41, 42, 50
planisme : 31, 35, 41
plans : 41, 72, 83, 87, 88
politiques économiques : 10, 72, 86
population active : 52, 96, 111, 115
privatisations : 102
production : 16, 26, 41, 42, 43, 54, 59, 81, 83, 92
productivité : 16, 41, 44, 53, 78, 112, 115
profitabilité : 78, 84, 85, 86, 100, 119

revenu national : 17, 41, 61, 62
revenus de redistribution : 87, 91, 93

salaires : 45, 46, 60, 61, 62, 72, 88, 91, 117
sidérurgie : 17, 58, 82, 83
stagnation : 90, 92
système éducatif : 65, 109, 110

tactiques d'action : 59
tertiaire : 113
tertiarisation : 113, 114
textile : 82, 83, 84
transports : 43, 44, 63, 113
travail : 97, 101, 104, 108

Aubin Imprimeur
LIGUGÉ, POITIERS

Achevé d'imprimer en octobre 1997
N° d'impression L 54628
Dépôt légal octobre 1997 / Imprimé en France